ro
ro
ro

Zu diesem Buch

Der Laubfrosch als Wetterprophet ist nur eine der vielen Wetterlegenden, denen Jörg Kachelmann und Christoph Drösser nachgehen. Wie viel Wahrheit steckt tatsächlich in Aussagen wie «Vor Gewittern fliegen die Schwalben tief», «Zugluft macht krank» oder «Regnet es am Siebenschläfertag, so regnet es noch sieben Wochen danach»? Ein spannender Streifzug durch die Wetterforschung, der ein für alle Mal unseren Aberglauben beseitigen soll.

ro ro ro

Die Autoren

Jörg Kachelmann studierte Geographie, Meteorologie, Mathematik und Physik in Zürich. In den 90er Jahren gründete er das meteorologische Dienstleistungsunternehmen Meteomedia und ist Produzent und Moderator populärer Wettersendungen u. a. für die ARD.

Christoph Drösser, geboren 1958, studierte Mathematik und Philosophie in Bonn. Er ist Chefredakteur des Magazins ZEIT Wissen. Für die ZEIT rief er 1997 die Kolumne «Stimmt's?» ins Leben und löste damit eine bis heute ungebrochene Frageflut aus.

Christian Brose, geboren 1976, studierte Landschaftsökologie, Botanik und Geographie in Münster. Seit 2004 arbeitet er als Meteorologe bei der Meteomedia Deutschland GmbH.

Jörg Kachelmann
Christoph Drösser

Das Lexikon der Wetterirrtümer

in Zusammenarbeit mit Christian Brose

Rowohlt Taschenbuch Verlag

3. Auflage Januar 2007

Originalausgabe
Veröffentlicht im Rowohlt Taschenbuch Verlag,
Reinbek bei Hamburg, Oktober 2006

Umschlaggestaltung ZERO Werbeagentur, München
(Foto: Alexander Kupka/mauritius images)
Illustrationen Sylvia Neuner
Satz Utopia PostScript, InDesign
Pinkuin Satz und Datentechnik, Berlin
Druck und Bindung Druckerei C. H. Beck, Nördlingen
Printed in Germany
ISBN 978 3 499 62157 4

Inhalt

Mensch und Technik 67

Regen, Schnee und Eis 91

Vorwort

Warum es so ist, weiß niemand. Aber die deutschsprachigen Länder sind weltweit führend in Sachen Wetteraberglauben. Nirgendwo sonst wird so gerne wilden Theorien gefolgt, die in Wahrheit jeder Grundlage entbehren. Der Mond hat wirklich keinen Einfluss auf das Wetter, und bei der Frage, wie Hochs und Tiefs die Gesundheit beeinflussen, steht die Forschung noch am Anfang. Trotzdem sind die Zeitungen voll von Biowetter-Prognosen, und die Bewohner so manchen bayrischen Dorfes glauben immer noch, durch kräftiges Glockengeläut ein Gewitter beeinflussen zu können.

Die größte Blüte des Unsinns jedoch ist der «Hundertjährige Kalender»: Nach ihm soll sich das Wetter, das in einem fränkischen Kloster im Mittelalter aufgezeichnet wurde, alle sieben Jahre wiederholen (was es definitiv nicht tut). Auf seiner Grundlage sagen «Wetterbauern» den Verlauf eines ganzen Sommers voraus und schaffen es damit in die Spalten der Lokalzeitungen – das ist so, als würde man die Ergebnisse der nächsten fünf Bundestagswahlen aufgrund der Resultate der Vergangenheit prognostizieren.

Dahinter verbirgt sich die Vorstellung, dass die Landbevölkerung durch ihre Verbundenheit mit der Scholle irgendwie einen direkten Draht zum Wettergott hat. Tatsächlich steckt aber in vielen Bauernregeln ein wahrer Kern, wie wir in diesem Buch an einigen Beispielen zeigen, wenn man sie als statistische Tendenz-Aussagen begreift und nicht als exakte Prognose. Und in anderen Fällen redet der Landmann einfach nur Unsinn.

Auch wenn die Wissenschaft weit davon entfernt ist, das

Wetter für mehr als fünf Tage einigermaßen verlässlich vorherzusagen – zum Wahrheitsgehalt vieler Wetterregeln und -mythen hat sie einiges zu sagen. Zeit also, diese Legenden einmal unter die Lupe zu nehmen und Aberglauben von Wissen zu scheiden. Was Sie mit diesem neuen Wissen anfangen, bleibt Ihnen überlassen. Gewinnen Sie eine Wette am Stammtisch, setzen Sie sich gegen den Erdkundelehrer Ihrer Kinder durch, oder erwerben Sie sich einfach den Ruf, ein Klugschwätzer zu sein.

Viel Vergnügen!

Jörg Kachelmann
Christoph Drösser

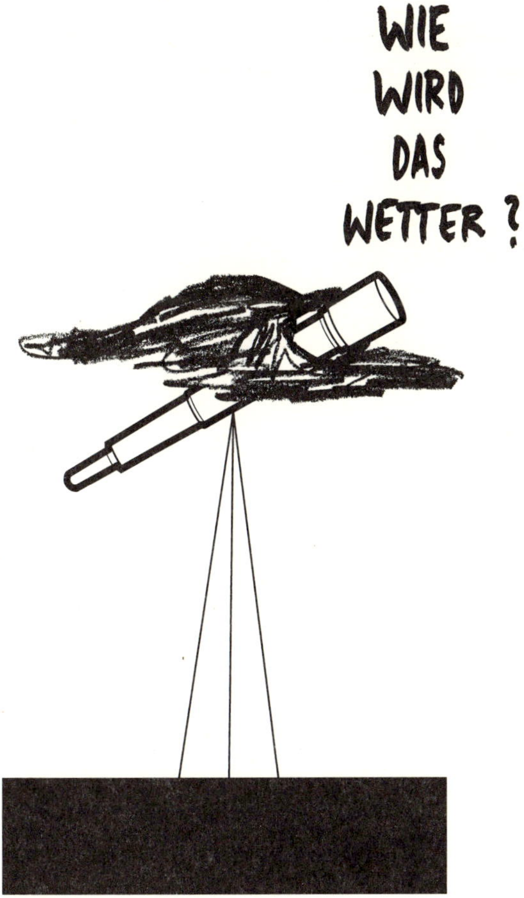
WIE
WIRD
DAS
WETTER ?

«Abendrot, Schönwetterbot – Morgenrot, schlecht Wetter droht.»

Die Verfärbung des Himmels in den Morgen- und Abendstunden ist gewiss kein sicherer Indikator dafür, wie das Wetter wird. Aber in dieser alten Wetterregel steckt ein wahrer Kern – es gibt tatsächlich einen meteorologischen Zusammenhang zwischen Abendrot, Morgenrot und dem Wetter, zumindest in unseren Breiten. Zwar verkündet der Bote keine absolute Wahrheit, aber doch zumindest eine Wahrscheinlichkeit, wie das künftige Wetter werden wird.

Hartmut Graßl, ehemaliger Direktor des Max-Planck-Instituts für Meteorologie, erklärt die Sache so: Bei uns herrschen meistens westliche Winde vor. Wenn der Abendhimmel flammend rot leuchtet, dann bedeutet das zunächst einmal, dass wir freie Sicht in Richtung des westlichen Horizonts haben. Dort bringt die Sonne Partikel in der Luft zum Leuchten. Da bei uns meist der Westwind vorherrscht, heißt das: Es ziehen von Westen keine Wolken herauf, die schlechtes Wetter mit sich bringen. Wenn das rote Sonnenlicht außerdem noch ein paar Wolken direkt über dem Betrachter oder östlich von ihm beleuchtet, dann sind das allenfalls abziehende Regengebiete, die mit dem Wetter von morgen nichts zu tun haben.

Umgekehrt ist es beim Morgenrot: Ein wolkenfreier Osten spielt für die Wetterentwicklung keine große Rolle. Wenn morgens der ganze Himmel flammend rot erleuchtet ist, dann strahlt die Sonne schon die ersten Zirruswolken im Westen an, die Vorboten einer Regenfront.

Das alles gilt, wie gesagt, nur bei Westwind. Der herrscht aber bei uns längst nicht das ganze Jahr vor. Im Mai ist es sogar umgekehrt – dann nämlich weht der Wind vorwiegend aus Osten, und das Abendrot kann durchaus ein Schlechtwetterbote sein.

Fazit: Hat zumindest in unseren Breiten einen wahren Kern.

Schäfchenwolken versprechen trockenes Wetter.

Es gibt zwei Arten von Wolken, die im Volksmund als «Schäfchenwolken» bezeichnet werden: einmal die Cirrocumulus-Wolken – sie bilden sich in sehr großer Höhe, über fünf Kilometer über dem Erdboden, und bergen keine Niederschlagsgefahr. Wenn aus ihnen mal ein paar Eiskristalle herausrieseln, dann sind die längst verdunstet, bevor sie den Boden erreichen können.

Die zweite Sorte nennt sich im Meteorologendeutsch Cumulus humilis, und die befindet sich in sehr niedriger Höhe – aber auch sie bringt keinen Regen. Diese Schönwetterwolken sind nämlich mit maximal einem Kilometer vertikaler Ausdehnung einfach zu flach, als dass es aus ihnen regnen könnte. Sie sind ein Indikator für warme Luft in den unteren Atmosphärenschichten und keine Unheil bringenden Vorgänge in größerer Höhe.

Mit der Prognosekraft dieser Wolkenschäfchen ist es allerdings nicht weit her. Allenfalls für die nächsten paar Stunden ist Entwarnung angesagt. Ansonsten sollte man sie im Auge behalten: Türmen sie sich im Laufe eines Sommertages zu mächtigen «Blumenkohlwolken» – Cumulus congestus – oder später sogar zu Gewitterwolken – Cumulonimbus – auf, kann es durchaus Regen geben, bis hin zum wolkenbruchartigen Gewitter.

Fazit: Die Schäfchenwolken sagen mehr über die Gegenwart als über die Zukunft aus.

Klare Fernsicht ist ein Zeichen für baldigen Regen.

Dieser Regel liegt eine Art Umkehrschluss zugrunde: Die besten Aussichten darauf, dass es *nicht* regnet, bestehen, wenn sich ein Hochdruckgebiet richtig festgesetzt hat. Es kommt dann oft zu Inversions-Wetterlagen: Eine warme Luftschicht liegt auf einer kalten, es gibt keinen guten vertikalen Luftaustausch, und in den bodennahen Schichten sammeln sich Dunst, Schad- und Schwebstoffe. Gerade im Winter ist es in solchen Situationen regelrecht trüb durch Nebel oder Hochnebel.

Andersherum: Wenn sich ein Tief mit Schlechtwetterfront nähert, wird eine solche Inversion abgebaut, die Luft durchmischt sich und wird klarer.

Hundertprozentig gültig ist die Regel allerdings nicht: Auch am Anfang einer Hochdruckphase, wenn also das schöne Wetter noch vor uns liegt, ist die Luft klar.

Fazit: Die Aussage ist tendenziell richtig.

Tiefdruckgebiete bringen immer schlechtes Wetter.

Schlechtes Wetter» ist ja zunächst einmal ein relativer Ausdruck – was der Ausflügler schlecht findet, gefällt dem Bauern. Fragen wir also lieber: Bringen Tiefdruckgebiete immer Niederschläge mit sich? In unseren Breiten ja. Idealerweise läuft das Wetter beim Durchzug eines voll ausgebildeten Tiefs folgendermaßen ab:

Aufziehende Cirruswolken (hohe, schleierartige Wolken) kündigen eine Warmfront an: Die nahende warme Luft gleitet großflächig auf die kältere, bereits vorhandene Luft auf, dabei kommt es zur Kondensation, und die Wolken entstehen. Sie «wachsen» nun mehr und mehr nach unten, werden also vertikal immer mächtiger und dichter, bis sich schließlich Nimbostratusbewölkung ausgebildet hat (vertikal mächtige Schichtwolken), die anhaltenden, gleichmäßigen «Landregen» bringt. Mit Durchgang der Warmfront hört der Regen dann auf und die Wolken beginnen, sich aufzulockern, es wird recht freundlich mit zeitweiligem Sonnenschein. Es ist deutlich wärmer geworden, und der zuvor stetig sinkende Luftdruck bleibt nun nahezu konstant. Der Wind hat auf Südwest gedreht.

Bis zum Eintreffen der Kaltfront ist das Wetter nun durchaus «schön». Dann aber schiebt sich die kalte Luft wie eine Nase in die warme Luft, es kommt zur Labilisierung und Schauer bilden sich, teils auch Gewitter. Die typische Wolkenform hierfür ist der Cumulonimbus, der «Gewitteramboss». Diese Wolken treten nun allerdings nicht flächig, sondern eher punktuell auf. Der Wind frischt auf und springt auf West oder Nordwest, in Gewitternähe gibt es starke Böen, es wird kälter und der Luftdruck steigt wieder. Es folgt das typische «Rückseitenwetter»: Schauer und sonnige Zwischenphasen in rascher Folge, bis die Atmosphäre wieder durchmischt ist.

Ein ideales Tief bringt also verschiedene Wetter mit sich. Aber es stimmt: Meist beginnt es mit ergiebigem Niederschlag, im Winter wie im Sommer.

Das alles gilt nur für unsere Breiten. Über der Sahara oder anderen Wüstengebieten liegen auch oft Tiefdruckgebiete – und dort regnet es äußerst selten. Diese Tiefs entstehen dadurch, dass heiße Luft bei lokaler Erwärmung aufsteigt. Anders als bei uns, wo sich diese Luft in der Höhe dann zu Gewitterwolken ballt, enthält diese Luft zu wenig Feuchtigkeit, die in der Höhe zur Wolkenbildung führen könnte.

Fazit: Für Mitteleuropa stimmt's.

Hochdruckgebiete bringen immer gutes Wetter.

Hochdruckgebiete – der Meteorologe nennt sie Antizyklonen – entstehen, wenn Luft aus großen Höhen in Richtung Boden absinkt. Dabei erwärmt sie sich erstens, und zweitens steigt der Druck an, sehr vereinfacht gesagt. Ist ein Luftpaket wärmer, kann es mehr Feuchtigkeit «halten». Die Wolken lösen sich auf, der Himmel ist klar, und das Hoch lastet wie ein «Luftberg» auf dem Boden. Dabei legt sich die absinkende, wärmer werdende Luft häufig wie ein Deckel auf die bodennahe Luftmasse, sobald diese kälter ist als die absinkende Luft. Eine Umkehr der normalen Temperaturschichtung in der Atmosphäre – unten warm, nach oben hin kälter – ist entstanden, man nennt das eine Inversion. Andere Luftmassen umströmen dieses Gebiet, die einzigen Winde sind die Luftströme, die am Boden aus dem Hoch herausströmen.

Wenn man also unter gutem Wetter Niederschlagsfreiheit versteht, dann ist ein stabiles Hoch zumindest im Sommer ein Garant für gutes Wetter. Im Winter hält sich unter der Inversion hingegen häufig eine zähe Hochnebeldecke, die sich an manchen Tagen gar nicht auflöst, an anderen nur sehr langsam. Ob sich Hochnebel bildet, hängt davon ab, wie feucht die Luftmasse unter der Inversionsgrenze bereits vor dem Hoch war, wie sehr sie sich abkühlt und ob bodennah noch zusätzlich feuchte Luft, z. B. vom Meer her, eingeweht wird. Aus dieser Hochnebeldecke kann es dann manchmal feinen Nieselregen oder, bei entsprechend niedrigen Temperaturen, feinen Schneegriesel geben. War die Luftmasse aber schon vor dem Hoch sehr trocken, haben wir kaltes und «schönes» Winterwetter. Mit Wärme hat ein Hoch ebenfalls nur im Sommer zu tun: Die klare Luft hält die vom Boden ausstrahlende Wärme nur schlecht zurück, und das führt zu bitterkalten Nächten, im Winter mit Frost. Auch im Sommer können die Nächte bei Hochdruckwetterlage empfindlich kühl werden – was man beispielsweise am Tau des nächsten Morgens sehen kann. Im Sommer kann die hoch stehende Sonne die Kälte der Nacht tagsüber rasch abbauen, im Winter steht die Sonne zu flach und es bleibt auch am Tage sehr kalt.

Fazit: Hoher Druck – zumindest im Sommer schönes Wetter.

Der Hundertjährige Kalender sagt das Wetter voraus.

Im 17. Jahrhundert zeichnete der Abt Mauritius Knauer in einem fränkischen Kloster sieben Jahre lang das Wetter auf. Sieben ist eine Zahl, die schon für sich genommen magisch klingt, ein gewiefter Geschäftemacher kombinierte das noch mit sieben Planeten (damals kannte man erst fünf, also nahm er Sonne und Mond dazu), ordnete jedes Jahr einem der Planeten zu – und fertig war der Kalender, der aus PR-Gründen den Namen «Hundertjährig» erhielt. Die Vorhersagen wiederholen sich alle sieben Jahre – trotzdem gibt es offenbar immer noch genug Zeitgenossen, die das Buch kaufen. Was für eine großartige Geschäftsidee!

Alle sieben Jahre soll sich das Wettergeschehen wiederholen? Schon ein Blick auf die Wetteraufzeichnungen zeigt, dass das Unsinn ist. Viele der Gläubigen schränken die Behauptung dann auch ein und sagen, dass der Kalender «ungefähr» stimme – aber dann bleibt von seiner vermeintlichen Vorhersagekraft auch nicht viel übrig.

Fazit: Der Hundertjährige Kalender taugt nur als Wandschmuck in der Bauernstube.

Die Vorhersage «Das Wetter wird morgen so wie heute» ist nicht schlechter als der Wetterbericht.

Die heutigen Wettervorhersagen sind besser als ihr Ruf. Zwar lassen sich die Fortschritte der meteorologischen Computertechnologie nicht eins zu eins auf die Genauigkeit der Prognosen übertragen – doppelt so viel Rechenleistung ergibt keine doppelt so gute Vorhersage. Aber die «Eintreffgenauigkeit» des Wetterberichts liegt heute für die nächsten 30 Stunden bei etwa 86 Prozent, für die nächsten 42 Stunden sind es immerhin noch 85 Prozent. Dabei gibt es bei den einzelnen Wetterparametern durchaus Unterschiede: Bei der Temperatur irren sich die «Wetterfrösche» nur in 10 Prozent, bei der Bewölkung in 27 Prozent der Fälle.

Auf der anderen Seite beträgt die «Erhaltungsneigung» – also die Wahrscheinlichkeit, dass das Wetter morgen genauso ist wie heute – in unserer Klimazone etwa 55 Prozent. Man liegt mit einer konservativen Prognose also tatsächlich meistens richtig. Trotzdem – an die beeindruckenden Zahlen der Wetterdienste kommt diese Daumenregel nicht heran.

Das Vorurteil mag also vor ein paar Jahrzehnten noch gestimmt haben. Die Meteorologen von heute können dagegen mit modernen Verfahren und rechengewaltigen Supercomputern das Wetter der nächsten fünf Tage genauso gut vorhersagen wie ihre Kollegen vor dreißig Jahren das Wetter des nächsten Tages.

Fazit: Der Wetterbericht ist verlässlicher als Raten.

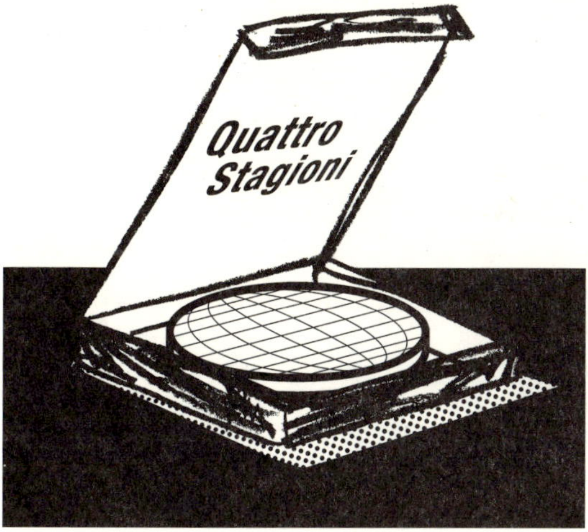

DAS WETTER IM VERLAUF DES JAHRES

Die Jahreszeiten entstehen, weil der Abstand der Erde zur Sonne sich verändert.

Dass das nicht stimmen kann, sieht man schon daran, dass es auf der Südhalbkugel der Erde Sommer ist, wenn bei uns Winter herrscht. Zwar schwankt der Abstand der Erde von der Sonne tatsächlich zwischen 147 und 152 Millionen Kilometern. Aber diese Schwankung macht nur einen kleinen Unterschied in der Sonneneinstrahlung aus. Der Sonne am nächsten sind wir übrigens am 3. Januar – also just dann, wenn bei uns die Phase des strengsten Winters beginnt. Das ist auch ein Grund, warum die Winter auf der Südhalbkugel etwas harscher sind als im Norden.

Die wahre Ursache dafür, dass es in den gemäßigten Breiten Jahreszeiten gibt, liegt in der Neigung der Erdachse. Diese steht ja nicht senkrecht zur Umlaufbahn der Erde um die Sonne, sondern ist um etwa 23,5 Grad gekippt – mit schwerwiegenden Folgen.

Folge 1: Im Sommer sind die Tage länger. Wir werden mehr als zwölf Stunden pro Tag von der Sonne beschienen (egal, ob es bewölkt ist oder heiter), und so wärmen sich Atmosphäre, Ozean und Landmasse stärker auf als im Winter.

Folge 2: Die Sonne beschreibt an Sommertagen einen höheren Bogen am Himmel als an Wintertagen. Und je steiler die Sonne am Himmel steht, umso besser wärmt sie – man kann sich das so erklären, dass ein «Sonnenstrahl» mit einer gewissen Dicke eine größere Fläche bescheinen muss, je schräger er einfällt. Außerdem ist bei niedrigem Sonnenstand der Weg der Strahlen durch die Atmosphäre länger.

Luft, Boden und Wasser reagieren träge auf die Veränderung der Sonneneinstrahlung, sie brauchen eine Weile, um sich richtig aufzuheizen. Deshalb ist die heißeste Zeit des Jahres auch nicht um den 21. Juni herum, den längsten Tag, sondern ein bis zwei Monate später. Und auch der Winter ist nicht um die Weihnachtszeit am härtesten, sondern im Januar und Februar.

Fazit: Die Neigung der Erdachse macht's.

Je frostiger der Januar, umso besser das Wetter in den folgenden Monaten.

Die Bauernregeln über den kalten Januar haben zwei Hintergründe: Der eine ist eine tatsächliche statistische Korrelation zwischen Januarwetter und Sommertemperaturen, etwa gemäß der Regel: «Ist der Januar hell und weiß, wird der Sommer sicher heiß». Von Sicherheit kann dabei gewiss keine Rede sein, aber nach der langjährigen Wetterstatistik folgt in Mitteleuropa auf einen überdurchschnittlich kalten Januar in 60 Prozent der Fälle ein überdurchschnittlich heißer Sommer. 60 Prozent ist nun keine atemberaubend gute Übereinstimmung – bei 50 Prozent wäre überhaupt kein Zusammenhang erkennbar. Aber immerhin, es ist mehr als durch Würfeln oder Auslosen zu erwarten wäre. Und wenn man kleinere Regionen betrachtet, etwa in Süddeutschland, steigt die Treffsicherheit auf bis zu 75 Prozent. Warum das so ist, weiß niemand.

Dann gibt es noch Bauernregeln, die sich auf die Ernte beziehen, etwa «Januar muss knacken, wenn das Korn soll sacken». Das hat etwas mit der Entwicklung des Wintergetreides zu tun: Das bekommt nämlich durch knackigen Frost im Januar einen so genannten Kältereiz, der dann im Frühjahr für eine gute Entwicklung der Blüten und damit später der Ernte sorgt. Außerdem sorgt ein langer, strenger Frost dafür, dass mehr Schädlinge als gewöhnlich absterben.

Fazit: Eine Wetterregel mit mäßiger Trefferquote.

Nach den Eisheiligen gibt es keinen Frost mehr.

Die Eisheiligen sind Mamertus, Pankratius, Servatius, Bonifatius und die «Kalte Sophie», deren Namenstage vom 11. bis 15. Mai gefeiert werden. In manchen Regionen zählt man auch nur drei Eisheilige. Die Eisheiligen sind etwas, das die Meteorologen als «Singularität» oder auch «Witterungsregelfall» bezeichnen – hier treten bestimmte Wetterlagen mit besonders hoher Wahrscheinlichkeit auf. Zur Zeit der Eisheiligen stößt tatsächlich oft noch einmal kalte Polarluft nach Mitteleuropa vor und sorgt für eiskalte Nächte.

Das heißt aber nicht, dass danach die jungen Triebe auf den Feldern und in den Gärten vor Frost sicher wären. Nicht nur im Gebirge, sondern auch im Tiefland kann es auch später noch bitterkalt werden. In den Wetteraufzeichnungen finden sich viele Fälle von Nachtfrost im Juni oder sogar noch im Juli – siehe auch das Kapitel zur «Schafskälte».

Fazit: Auch diese Regel sollte man nicht zu wörtlich nehmen.

Regnet es am Siebenschläfertag, so regnet es noch sieben Wochen danach.

Regeln wie die vom Siebenschläfertag (27. Juni) sind oft sehr alt – und schon deshalb mit Vorsicht zu genießen. Diese besondere Regel wurde vor 1582 – dem Jahr des Wechsels vom julianischen zum gregorianischen Kalender – geprägt. Damals ließ der Papst gleich zehn Tage ausfallen, und damit wurde der Siebenschläfertag sozusagen vorverlegt. Überhaupt ist das Wettergeschehen eines einzigen Tages niemals dazu geeignet, das der kommenden 40 Tage auch nur annähernd genau vorherzusagen.

Trotzdem hat die Regel tatsächlich einen wahren Kern, auch wenn sie natürlich nicht absolut gilt, weil das Wetter als chaotisches System kein Gedächtnis hat. Sie geht aber auf eine bei uns in Mitteleuropa durchaus treffende Beobachtung zurück. Hat sich Ende Juni oder Anfang Juli eine eher kühle und feuchte Wetterlage etabliert, so wird es auch den gesamten Sommer hindurch häufiger als gewöhnlich feucht und kühl sein. Man sollte also nicht nur am Siebenschläfertag, sondern auch in den beiden darauf folgenden Wochen das Wetter beobachten – dann kann man durchaus Rückschlüsse auf den allgemeinen Charakter des bevorstehenden Sommers ziehen.

Fazit: Gar nicht so falsch, wenn man die Regel nicht wörtlich nimmt.

Im Sommer bringt die «Schafskälte» niedrige Temperaturen.

Traditionell wurden die Schafe in Mitteleuropa Mitte Juni geschoren. Wenn dann ein plötzlicher Kälteeinbruch, vielleicht sogar mit Nachtfrösten, kam, konnte das für die nackten und schutzlosen Tiere durchaus gefährlich werden – daher der Name «Schafskälte».

Die Schafskälte gehört zu den am besten dokumentierten «Singularitäten» – also Wetterlagen, die immer wieder mit hoher Wahrscheinlichkeit im Jahresrhythmus auftreten. Hier geht es um einen Kälteeinbruch zwischen dem 10. und 20. Juni. Tatsächlich stellt sich in dieser Zeit die Großwetterlage häufig um. Nach einem frühen Sommerauftakt Anfang Juni mit sonnigem Wetter bricht der Hochdruckeinfluss plötzlich zusammen und macht den Weg für atlantische Tiefdruckausläufer frei. Der Wind dreht von Südwest auf Westnordwest. Kältere Luft kann nach Mitteleuropa strömen, und das Wetter wird wechselhafter. Die Tagestemperaturen können auf 5 bis 10 Grad sinken.

Eine mögliche Ursache dafür ist, dass sich am Anfang des Sommers der Kontinent schneller aufzeizt als das Meer. Wenn an Land die warme Luft aufsteigt, aber über dem Atlantik ein kühleres Hochdruckgebiet liegt, entsteht eine Tiefdruckrinne, über die die kalte Luft nach Mitteleuropa einbrechen kann.

Fazit: Es ist etwas dran.

Der «Altweibersommer» bringt noch einmal schönes Wetter.

Auch der «Altweibersommer» gehört zu den «Singularitäten», den häufig wiederkehrenden Regelwetterlagen. Er bezeichnet das Phänomen, dass um den 25. September, nachdem sich vorher schon der Herbst mit kühler und feuchter Witterung breit gemacht hat, noch einmal die Sonne durchbricht und für einige Tage oder sogar Wochen schönes Wetter bringt. In sieben von zehn Jahren ist das der Fall. In Süddeutschland kann das Thermometer dann durchaus noch einmal auf 30 Grad steigen.

Der Grund ist ein stabiles Hochdruckgebiet, das sich über Mitteleuropa festsetzt und alle Angriffe der Tiefdruckwirbel vom Atlantik abblockt.

Es gibt zwei Deutungen für den Namen des «Altweibersommers», die aber beide mit den Spinnennetzen und -fäden zu tun haben, an denen an sonnigen Herbstmorgen die Tautropfen glitzern. Die eine Theorie sagt, dass die Spinnenfäden an die Haare alter Frauen erinnern, die andere führt den Namen auf das althochdeutsche Wort «weban» für «flechten, knüpfen, weben» zurück.

Es gibt den Altweibersommer nicht nur in Mitteleuropa. In Schweden heißt das Phänomen «Birgitta-Sommer», und in Nordamerika ist es unter dem Namen «Indian Summer» bekannt.

Fazit: Man kann sich zumindest statistisch drauf verlassen!

Wenn es viele Eicheln gibt, droht ein strenger Winter.

Viele Eicheln im September, viel Schnee im Dezember» – so oder ähnlich wird diese Bauernregel formuliert. Begründet wird das oft folgendermaßen: Wenn der Winter streng wird, dann müssen zum Beispiel Eichhörnchen einen besonders großen Vorrat anlegen. Also produzieren die Eichen besonders viele Eicheln.

Aber leider verfügen Tiere nicht über solche prognostischen Fähigkeiten. Sie besitzen allenfalls feinere Sinne als wir, um aus Temperatur, Luftfeuchtigkeit oder anderen Größen auf unmittelbar bevorstehende Wetterphänomene zu schließen – eine Vorhersage über zwei Monate oder länger beherrscht das Eichhörnchen nicht. Und selbst wenn – dann müsste ja auch noch die Eiche merken, dass das Eichhörnchen mehr Nüsse sammelt, und ihm sozusagen aus Solidarität mehr zur Verfügung stellen. Abgesehen davon, dass eine Eiche das auch nicht spontan könnte – so funktioniert die Natur nicht, sie handelt nicht zielgerichtet.

Die Menge der Eicheln lässt keine Rückschlüsse auf das *künftige* Wetter zu, sondern nur auf das *vergangene*. Und zwar über einen ziemlich langen Zeitraum: Damit viele Eicheln gebildet werden, müssen sich zunächst einmal viele Blütenansätze gebildet haben. Das geschieht schon im Herbst des Vorjahres. Und dann muss der Baum gut über den Frühling gekommen sein – die entwickelten Blüten und Früchte sollten zum Beispiel keinem späten Nachtfrost im Mai ausgesetzt gewesen sein. Dass aus den Wetterdaten über einen derart langen Zeitraum Rückschlüsse auf den kommenden Winter zu ziehen wären, dafür gibt es keine Anzeichen.

Fazit: Eicheln haben keine prognostischen Fähigkeiten.

MENSCH,
NATUR
UND GESUNDHEIT

Schwalben fliegen bei schlechtem Wetter tief.

Der Meteorologe Horst Malberg von der Freien Universität Berlin hat in seinem Buch *Bauernregeln* den wissenschaftlichen Gehalt vieler volkstümlicher Wettersprüche untersucht. Einer davon lautet: «Siehst du die Schwalben niedrig fliegen, wirst du Regenwetter kriegen. Fliegen die Schwalben in den Höh'n, kommt ein Wetter, das ist schön.» Er erklärt die Flughöhe der Schwalben mit der Flughöhe des Schwalbenfutters, also der Insekten. Weil die bei schlechtem Wetter niedriger fliegen, halten sich auch die Schwalben in Bodennähe auf.

Aber warum fliegen die Insekten bei sonnigem Hochdruckwetter höher als bei schlechtem? Die plausibelste Erklärung: Bei Sonnenschein entstehen aufsteigende Luftblasen am Boden, vergleichbar mit den Dampfblasen in kochendem Wasser. Und diese Strömung erfasst auch die Insekten. Bei schlechtem Wetter gibt es diese Aufwinde nicht.

Eine schöne Ergänzung zu dieser Erklärung liefert Wohlert Wohlers von der Biologischen Bundesanstalt: In den Monaten vor dem Zug nach Süden müssen die Schwalbenkinder fliegen lernen. Und diese Übungsflüge absolvieren sie am besten, wenn das Wetter schön ist. Die Vogeleltern führen diese Flugstunden am liebsten in größerer Höhe durch – damit die Kleinen nach Flugfehlern den freien Fall noch rechtzeitig abfangen können.

Wie dem auch sei – die Regel macht eine Aussage darüber, wie das Wetter *ist*, nicht wie es werden wird. Zur Prognose ist der Schwalbenflug also nicht geeignet!

Fazit: Warum auch immer – es stimmt.

Narben jucken bei Wetterveränderungen.

Jeder zweite Deutsche glaubt, dass das Wetter einen Einfluss auf sein körperliches Wohlbefinden hat, 20 Prozent glauben sogar an einen «sehr starken» Einfluss. Viele Zeitungen veröffentlichen «Bio-Wetterberichte» mit speziellen Ratschlägen für bestimmte Risikogruppen. Nehmen wir einmal die juckenden Narben als eine Manifestation von «Wetterfühligkeit» – was ist dran an den angeblichen Wechselwirkungen zwischen Wetterphänomenen und dem menschlichen Körper?

Dass das Wetter unseren Körper beeinflusst, ist so allgemein gesprochen eine eher banale Tatsache. Wir frieren, wenn es kalt wird, wir schwitzen, wenn es warm wird, und auch der Luftdruck wirkt ganz direkt auf unseren Blutkreislauf. Der Körper muss also ständig auf veränderte Umstände reagieren und sich anpassen – das nennt man auch «Wetterreaktion», und jeder von uns macht es jeden Tag.

Bei empfindlichen Menschen kann diese unbewusste Regulation des Körpers zu Beschwerden führen – Müdigkeit, Kopfschmerzen, Konzentrationsstörungen. Das wird unter dem Begriff «Wetterfühligkeit» zusammengefasst. Die besondere Empfindlichkeit nach Verletzungen, also zum Beispiel die juckende Narbe, aber auch die Phantomschmerzen nach einer Amputation, nennt man «Wetterempfindlichkeit».

Die tatsächlichen Wirkungszusammenhänge dieser Phänomene liegen noch weitgehend im Dunkeln. Bei einigen chronischen Krankheiten sind sie jedoch klar:

- Rheumatiker reagieren empfindlich auf Nässe und Kälte.
- Herzinfarkt-Patienten sind durch warmes Wetter mit hoher

Luftfeuchtigkeit gefährdet – dann ziehen sich die Gefäße zusammen, und das Herz muss stärker pumpen.

- Asthmatiker reagieren auf große Temperaturschwankungen vermehrt mit Anfällen.

All diese körperlichen Phänomene treten auf, wenn der Wetterwechsel schon da ist. Manche Menschen behaupten aber, sie würden schon *vor* dem Umschwung merken, dass sich das Wetter ändern wird. Kann das sein?

Tatsächlich gibt es einige Vorboten, etwa von Gewitterfronten. So genannte Sferics, kurze Signale im elektromagnetischen Spektrum, laufen einem Gewitter mit Lichtgeschwindigkeit voraus und sind beispielsweise als Knacken im Radio zu hören. Wirken sie auch auf den Körper? In Experimenten mit künstlichen Sferics konnte man zwar keine Beschwerden hervorrufen, aber immerhin Veränderungen der Gehirnwellen. Ein zweiter Kandidat für eine «vorauseilende» Wirkung von Wetterphänomenen sind wellenförmige Druckschwankungen, die sich mit Schallgeschwindigkeit ausbreiten. Sie werden erzeugt, wenn sich Luftschichten aneinander reiben. Aber die Forschungen zu diesen Phänomenen stecken noch in den Kinderschuhen – es wird noch ein paar Jahre dauern, bis es auf diese Fragen wirklich eine Antwort gibt.

Fazit: Jeder Mensch reagiert aufs Wetter – der eine mehr, der andere weniger.

Wenn ein Hund Gras frisst, gibt es Regen.

Die Argumentationskette bei dieser Wetterlegende geht folgendermaßen: Hunde fressen Gras, wenn ihnen übel ist – sie wollen damit einen Brechreiz auslösen und sich übergeben. Ältere Hunde, die zum Beispiel unter Rheumatismus leiden, sind oft wetterfühlig (siehe Seite 38) und fühlen sich schlecht, wenn ein Regentief heranzieht. Also fressen sie Gras …

Eine sehr wackelige Begründung, die vorne und hinten nicht stimmt. Die meisten Hunde fressen Gras nicht, weil ihnen übel ist. Hundefreunde diskutieren viel über diese Eigenart mancher Hunde, mal heißt es, es diene der Verdauung, dann wieder, es schmecke den Hunden einfach gut – aber mit Übelkeit geht es in den seltensten Fällen einher. Die zweite Annahme: Selbst wenn der Hund sich tatsächlich bei einer nahenden Schlechtwetterfront schlecht fühlen sollte – Erbrechen hilft dagegen nun wirklich nicht, Menschen stecken sich bei Kopfschmerzen auch nicht den Finger in den Hals.

Hundefreunde mögen also rätseln, warum ihr Vierbeiner so einen Heißhunger auf frisches Gras verspürt – mit dem Wetter hat es nichts zu tun.

Fazit: Der Hund taugt nicht als Wetterfrosch.

Frösche können das Wetter vorhersagen.

Frösche, die in einem Einmachglas mit Leiter gehalten werden, sollen das Wetter auf folgende Weise voraussagen können: Wenn sie kräftig quaken, soll es Regen geben, und wenn sie die Leiter hinaufklettern, wird das Wetter schön.

Ein möglicher wahrer Kern dieser Geschichte, zumindest was das Klettern angeht: Laubfrösche, die im gewässernahen Gebüsch leben, finden bei feuchter Witterung genügend Nahrung am Boden. Wenn es trockener ist, krabbeln die Insekten höher auf die Blätter und Gräser hinauf, und auch der Frosch muss dann höher hinaus, um sich seine Nahrung zu sichern. Aber so ist das Klettern lediglich ein Zeichen dafür, wie das Wetter *ist*, nicht wie es einmal *wird.*

Für einen Frosch im Einmachglas ergibt das alles allerdings wenig Sinn. Wenn der die Leiter hinaufklettert, dann wohl vor allem in der Hoffnung, seinem tristen Gefängnis zu entkommen. Schweizer Wissenschaftler haben keinerlei Zusammenhang zwischen Froschverhalten und der zukünftigen Wetterentwicklung feststellen können.

Fazit: Alles Aberglauben.

Wenn die Schafe die Köpfe zusammenstecken, droht ein Gewitter.

Schafe sind, wie alle Vierbeiner, bei Gewitter besonders gefährdet: Dadurch, dass ihre Vorder- und Hinterbeine weit auseinander stehen, haben sie eine große «Schrittspannung» und kriegen mehr Strom ab als etwa ein Mensch, dessen Füße eng nebeneinander auf dem Boden stehen.

Könnten Schafe also das Herannahen eines Gewitters ahnen, so wäre es zumindest für das einzelne Schaf ganz vernünftig, die Gesellschaft von anderen zu suchen – so ist das Risiko, vom Blitz getroffen zu werden, geringer, als wenn das Tier allein auf weiter Flur steht.

Der Grund, warum Schafe im Sommer oft die Köpfe zusammenstecken, ist aber ein anderer: Während ihr Körper durch das Fell gut vor Mücken- und anderen Insektenstichen geschützt ist, ist ihr Kopf den Plagegeistern recht wehrlos ausgesetzt. Und wenn sie sich zusammenrotten, können sie effektiver die Insekten vertreiben.

Und weil die Mücken bei schwülem Wetter besonders tief fliegen (siehe Seite 37), bekommt die Geschichte auf diese Weise sogar ein Körnchen Wahrheit. Aber unmittelbar mit dem Gewitter hat sie nichts zu tun.

Fazit: Eine schlechte Gewittervorhersage.

Wenn Spinnen Netze bauen, wird das Wetter gut.

Spinnen weben besonders eifrig an ihren Netzen, wenn sie sich reiche Beute erwarten. Und das ist bei schönem Sommerwetter der Fall – dann schwärmen nämlich die Insekten aus, sie werden durch warme Luftströme in größere Höhen getragen. Die Spinne verhält sich also ähnlich wie die Schwalbe (siehe Seite 37) und richtet sich nach der Verfügbarkeit ihres Futters.

Umgekehrt: Wenn das Wetter schlechter wird, etwa bei Gewitter, ist das mit starkem Wind und Niederschlag verbunden. Dann können selbst die starken Spinnennetze reißen. Spinnen stellen dann ihre Aktivitäten ein und verkriechen sich in ihre Schlupfwinkel.

Wie bei anderen Regeln, bei denen Tieren geradezu prophetische Gaben zugeschrieben werden, stellt sich aber auch hier die Frage: Ahnen die Spinnen das Wetter voraus, oder reagieren sie nur auf den Wetterwechsel? Die Achtbeiner haben keinen sechsten Sinn – sie richten sich nach Anzeichen wie dem veränderten Luftdruck, die auch der Mensch mit einem Barometer messen kann. Deshalb gilt auch hier: Tiere reagieren empfindlich aufs Wetter – mehrere Tage im Voraus das Wetter vorhersagen können menschliche «Wetterfrösche» besser.

Fazit: Auch Spinnen sind keine Propheten.

Flechten an Bäumen sind ein Zeichen für saubere Luft.

Flechten können tatsächlich als Anzeiger für gute Luftqualität genutzt werden, egal, wo sie wachsen. Botanisch betrachtet, sind Flechten eine Symbiose aus Alge und Pilz. Von dieser Symbiose profitiert vor allem der Pilz, indem er die von der Alge per Fotosynthese produzierten Zuckerverbindungen nutzt. Der Alge nutzt der Pilz, weil er Wasser speichert und Kohlendioxid produziert. Allen Flechten ist gemeinsam, dass sie zu den so genannten poikilohydren Pflanzen gehören, das heißt: Sie sind ziemlich resistent gegen Austrocknung. Dadurch sind die Flechten in der Lage, auch extreme Standorte zu besiedeln, die «normale» Pflanzen mit Wurzeln und geregeltem Wasserhaushalt nicht erobern können.

Weil Flechten keine Wurzeln haben, können und müssen sie Wasser, vor allem Regenwasser, über ihre gesamte Oberfläche aufnehmen – und damit «schlucken» sie auch alle darin gelösten Schadstoffe. Das Wasser, das andere Pflanzen mit ihren Wurzeln aufnehmen, ist dagegen schon weitgehend gefiltert. Besonders schädlich für Flechten ist Schwefeldioxid (SO_2), sodass sie in größeren Städten und Industriegebieten kaum vorkommen. Beobachtet man die Häufigkeit von Flechten in einem Gebiet, so kann man daraus eine richtige Karte der Schadstoffbelastung erstellen.

Fazit: Flechten messen die Luftqualität.

Moose wachsen nur an der Wetterseite von Bäumen.

Moose sind eine etwa 25 000 Arten umfassende Abteilung der Pflanzen. Sie zeichnen sich dadurch aus, dass sie ihren Wasserhaushalt nicht regulieren können, sind also auf eine einigermaßen regelmäßige Wasserzufuhr angewiesen, um nicht zu vertrocknen.

Die «Wetterseite» eines Baumes ist in unseren Breiten etwa ein Viertel des Stammes, das in Richtung Nordwesten bis Südwesten ausgerichtet ist. Aus diesen Richtungen kommt bei uns das regnerische Wetter, das aus Tiefdruckgebieten resultiert – eigentlich ideal für die Moose, sollte man meinen. Aus derselben Richtung kommt aber auch der vorherrschende Wind, und der hilft dabei, die Feuchtigkeit auch schnell wieder verdunsten zu lassen. Dazu kommt, dass die kräftigste Sonneneinstrahlung bei uns am Nachmittag auch aus südwestlichen bis westlichen Richtungen kommt, was den Moosen zumindest bei frei stehenden Bäumen zum Problem werden kann. Deshalb findet man auch an der wetterabgewandten Seite von Bäumen Moose, die diesem Wechselbad von Wind und Wetter lieber aus dem Weg gehen.

Fazit: Moose können auf allen Seiten des Baumes gedeihen.

Ein Wirbelsturm über dem Meer kann dazu führen, dass es an Land Fische regnet.

Berichte über Tiere, die vom Himmel fallen, gibt es seit dem Altertum – schon Plinius der Ältere berichtete im 1. Jahrhundert davon. Neben Würmern, Tintenfischen und sogar (in einem zweifelhaften Bericht) Alligatoren ist es vor allem Fisch- und Froschregen, von dem immer wieder berichtet wird. Das Phänomen hat auch Künstler inspiriert, berühmt ist etwa eine Szene aus dem Film *Magnolia*, in der nach dem Regen eine Straße mit Fröschen übersät ist.

Es gibt zu viele gut dokumentierte Fälle, um solche Vorkommnisse ins Reich der Phantasie zu verweisen. Sogar wissenschaftliche Zeitschriften haben von tierischem Regen berichtet, etwa *Scientific American* (1873 über einen Froschregen im amerikanischen Kansas City) oder *Nature* (1918 über Fische in der britischen Stadt Sunderland).

Die Berichte unterscheiden sich in ihren Details durchaus: Mal fallen Fische und Frösche lebendig vom Himmel, was darauf schließen lässt, dass sie nur eine sehr kurze Reise durch die Lüfte hinter sich haben. Dann wieder ist die Rede von toten, steif gefrorenen Tieren, die sich entsprechend in großer Höhe befunden haben müssen. Und es gibt sogar Erzählungen, in denen es nur blutige Körperteile von Tieren regnet – ein Hinweis darauf, dass sie von den ungeheuren Kräften, wie sie in Gewitterwolken herrschen, zerfetzt worden sind.

Das Problem: Es ist zwar vielfach beobachtet worden, wie Tiere vom Himmel fallen – aber noch nie, wie sie denn zuvor in die Lüfte gelangt sind. Die einzige plausible Erklärung sind Wind- und Wasserhosen – kleine lokale Wirbelstürme, die die

Tiere hochreißen und mit sich forttragen. Bis in die Wolken führt die Reise wohl in den seltensten Fällen, und sobald sich der Wirbel auflöst, fallen die Tiere zu Boden. Manche Anhänger von paranormalen Theorien geben sich mit dieser Erklärung nicht zufrieden, sie führen zum Beispiel an, dass in den meisten Berichten nur von einer Tierart die Rede ist, die vom Himmel regnet. Was für übernatürliche Ursachen der Tierregen haben soll, können sie aber auch nicht sagen.

Fazit: Entsprechende Vorfälle sind tatsächlich dokumentiert.

Zugluft macht krank.

Zunächst einmal: Die Deutschen sind offenbar besonders zugempfindlich. In anderen Ländern schütteln die Leute manchmal verständnislos den Kopf, wenn jemand bei jedem offenen Fenster sofort die gefährliche Zugluft wittert. Man kann es mit der Angst vor dem Zug auch übertreiben – frische Luft ist ja zunächst einmal etwas Gesundes, und ohne Luftzug kommt sie halt nicht ins Zimmer hinein.

Trotzdem – dauerhafte Zugluft kann eine schädliche Wirkung haben. Die Voraussetzung dafür ist, dass man sich kaum bewegt, also etwa im Auto, wenn das Seitenfenster geöffnet ist, oder im Büro, wenn man direkt am gekippten Fenster sitzt und bewegungslos auf den Bildschirm starrt. Dann nämlich kann es zu einer lokalen Unterkühlung kommen. Die Körperstellen, die dem Wind ausgesetzt sind, kühlen ab, die Blutgefäße ziehen sich zusammen, Muskeln verkrampfen – so entsteht der «steife Nacken». Die Atemwege werden durch die geringere Durchblutung empfindlicher, die Schleimhäute trocknen aus, und die Erkältungsgefahr steigt. Auch die Augen sind empfindlich gegen die austrocknende Wirkung des Luftzugs, es droht eine Bindehautentzündung.

Übrigens: Frauen sind empfindlicher gegen Zug als Männer. Das liegt einerseits daran, dass sie sich oft leichter kleiden und insbesondere empfindliche Körperpartien entblößt sind, aber auch daran, dass der Frauenkörper generell schneller friert als der des Mannes.

Fazit: Zugluft ist gefährlich bei bewegungsarmer Tätigkeit.

Aus der Zirpfrequenz von Zikaden kann man auf die Temperatur schließen.

Es gibt in den USA die Grillenart *Oceanthus fultoni*, und aus deren Zirptönen kann man tatsächlich auf die Temperatur schließen. Insekten sind wechselwarme Wesen, das heißt, ihre Körpertemperatur hängt von der Außenwärme ab, und mit steigender Temperatur werden sie auch aktiver. Forscher haben festgestellt, dass die Frequenz des Zirpens proportional zur Temperatur ist. Da Amerikaner die Wärme in Grad Fahrenheit messen, ist die entsprechende Formel auch auf diese Skala bezogen: Man misst die Zahl der Zirplaute pro 15 Sekunden, addiert 37 und erhält die Temperatur in Fahrenheit.

Man kann eine entsprechende Formel aber auch für Grad Celsius angeben: Man zählt, wie oft die Zikade in 8 Sekunden zirpt, und addiert 3 – zumindest im üblichen Temperaturbereich kommt dabei ein hinreichend genauer Wert heraus. Allerdings gilt diese Zahl nur für die amerikanische Grille – man kann die Formel also nur während eines USA-Urlaubs anwenden.

Zikaden und Grillen machen diese lauten Töne übrigens nicht mit irgendeiner Art von Stimmapparat, sondern indem sie ihre Flügel aneinander reiben. Damit wollen die männlichen Tiere die Weibchen anlocken oder sich Rivalen vom Leib halten.

Fazit: Grillen sind Thermometer!

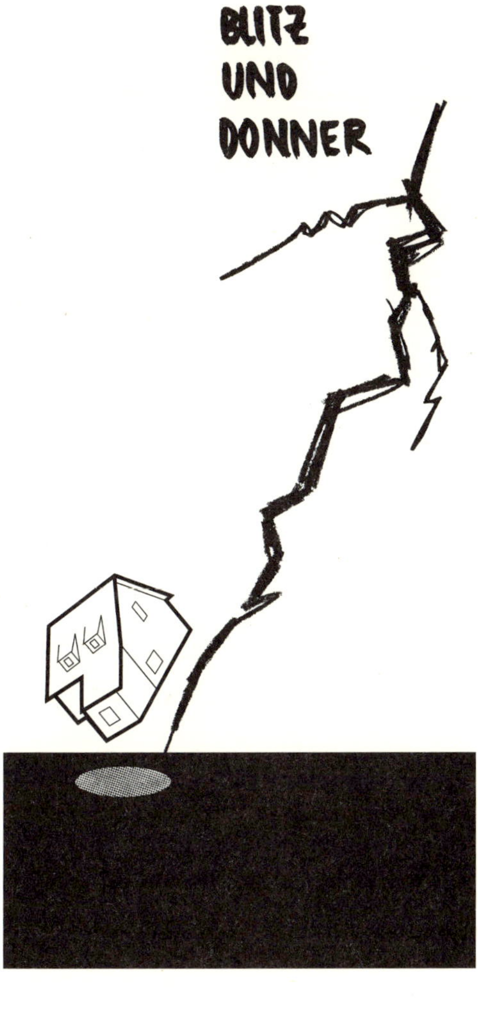
BLITZ
UND
DONNER

Der Blitz geht eigentlich von unten nach oben.

Die Physik der Blitze ist eine ziemlich komplizierte Angelegenheit. Es beginnt damit, dass in einer Gewitterwolke geladene Teilchen voneinander getrennt werden – die positiven wandern nach oben, die negativen sammeln sich im unteren Teil der Wolke an. So entsteht eine Spannung innerhalb der Wolke, zwischen einzelnen Wolken, aber auch zwischen Wolke und dem nicht geladenen Boden. Irgendwann wird die Spannung so groß, dass es zur Entladung kommt.

Dabei entsteht zuerst ein so genannter Vorblitz, der sich von der Wolke auf einem Zickzackkurs einen Weg zum Boden sucht. Der schafft den Blitzkanal, in dem dann später die eigentliche Entladung stattfindet. Kommt die Spitze des Vorblitzes in die Nähe eines Baumes, einer Antenne oder eines Kirchturms, so wächst ihm von dort ein kleines Blitzchen entgegen. Sobald die beiden Äste sich getroffen haben, ist die «Leitung» zwischen Boden und Wolke geschlossen, und der eigentliche Blitz kann sich entladen – mit einer Geschwindigkeit von bis zu 100 000 Kilometern pro Sekunde, also immerhin einem Drittel der Lichtgeschwindigkeit.

Im Blitzkanal herrscht dabei eine Temperatur von 30 000 Grad Celsius. Die erste Entladung pflanzt sich tatsächlich von unten nach oben fort. Die Ladungsträger fließen aber selbstverständlich immer vom negativen Pol zum positiven, also von der Wolkenunterseite zur Erde.

Mit einem Hauptblitz ist es meistens nicht getan. Nach dem ersten Hauptblitz folgt ein kleinerer von oben nach unten und dann wieder ein großer von unten nach oben. Die mehrfachen

Entladungen nehmen wir manchmal als Flackern wahr, das gesamte Spektakel dauert wenige Zehntelsekunden. Wenn man mit «Blitz» also die sichtbare Hauptentladung bezeichnet, dann geht der Blitz tatsächlich von unten nach oben.

Fazit: Stimmt für den ersten Teil des Blitzes.

Der Blitz schlägt niemals zweimal in dieselbe Stelle ein.

Dieser Satz ist ungefähr so plausibel wie die Behauptung, es sei unmöglich, zweimal hintereinander eine Sechs zu würfeln. Man hat ein seltenes Ereignis (hier der Blitz, da die Sechs), und natürlich ist es noch seltener, dass dieses Ereignis gleich zweimal hintereinander auftritt. Es ist aber ein Fehlschluss zu glauben, dass nach dem Eintritt des ersten Ereignisses das zweite nun besonders unwahrscheinlich sei. So wie nach der ersten Sechs die zweite immer noch eine Wahrscheinlichkeit von einem Sechstel hat, so ist ein Ort, in den gerade (oder letzte Woche) der Blitz eingeschlagen hat, nicht weniger gefährdet als vorher.

Das wird vor allem bei Orten deutlich, die besonders häufig vom Blitz getroffen werden, etwa das Empire State Building in New York. In dieses Hochhaus schlägt jedes Jahr etwa 25-mal der Blitz ein (was nicht zu besonderen Schäden führt, weil das Gebäude natürlich einen besonders guten Blitzableiter hat). Wobei es auch öfters vorkommt, dass der Wolkenkratzer in einem einzigen Gewitter mehrere Einschläge abbekommt.

Auch für Menschen als «bewegliche Ziele» gilt der Satz natürlich nicht. Wer einmal von einem Blitz getroffen wurde und das überlebt hat, der ist in Zukunft nicht auf magische Weise sicher. Das Guinness-Buch der Rekorde verzeichnet als Rekordhalter den Amerikaner Roy C. Sullivan (1912–1983), der insgesamt siebenmal vom Blitz getroffen wurde – und alle diese Einschläge überlebte.

Fazit: Reiner Aberglaube.

Der Blitz schlägt immer in den höchsten Punkt ein.

Dass ein Blitz nicht immer den geradesten Weg nimmt, sieht man an seiner gezackten Form. Er schlägt nicht von oben geradewegs in den Boden ein, sondern zuckt in Teilentladungen erratisch hin und her. Das liegt daran, dass das elektrische Feld in der Luft nicht absolut gleichmäßig ist, sondern durchaus unterschiedlich «dicht». Im Extremfall kann ein Blitz sogar eine große Strecke waagerecht überbrücken.

Das mit dem höchsten Punkt stimmt durchaus, wenn man es nicht als absolute Regel nimmt. «Jeder hohe Gegenstand beeinflusst das normale luftelektrische Feld so, dass es über dem Gegenstand zu einer Drängung der parallel zur Erdoberfläche verlaufenden elektrischen Feldlinien kommt, wodurch der Blitz ‹angezogen› wird», schreibt der Meteorologe Horst Malberg. Das heißt: Die Einschlagwahrscheinlichkeit ist größer, und sie nimmt natürlich mit der Entfernung vom Objekt ab. Ein Kirchturm kann kein ganzes Dorf vor dem Blitzschlag schützen. Deshalb sollte man sich auf die Regel nicht verlassen, sondern bei Gewitter Schutz suchen!

Fazit: Absolut gilt die Regel nicht.

Von einem Blitz erschlagen zu werden ist wahrscheinlicher, als im Lotto eine Million zu gewinnen.

In Deutschland gilt das nicht: Im Jahr 2005 wurden in Deutschland 110 Menschen durch einen Lottogewinn zum Millionär. Die Zahl der Blitzopfer dagegen ist sehr viel geringer. Sie wird akribisch vom Statistischen Bundesamt registriert und jährlich vermeldet, sogar aufgeschlüsselt nach Alter und Geschlecht. Im Jahr 2001 wurden nur zwei Menschen tödlich vom Blitz getroffen, der Höchststand in jüngster Vergangenheit waren zehn Opfer im Jahr 1999.

Und was lernen wir daraus? Gar nichts natürlich. Denn solche Vergleiche sagen wenig aus. Die Wahrscheinlichkeit eines Lottogewinns quer über die ganze Bevölkerung anzugeben ergibt wenig Sinn – wer nicht Lotto spielt, wird unabhängig von dieser Zahl wohl kaum etwas gewinnen. Und genauso ist es mit dem Blitzrisiko: Auch das sollte man nur in Abhängigkeit vom Verhalten betrachten. Wer sich an die auch in diesem Buch gegebenen einschlägigen Sicherheitstipps hält und weder Eichen noch Buchen sucht (Seite 59), bei Gewitter den Antennenstecker aus dem Fernseher zieht (Seite 60) und nicht in offenen Gewässern badet (Seite 58), der darf sich ziemlich sicher fühlen.

Fazit: Stimmt nicht, und schon der Vergleich ergibt nicht viel Sinn.

Bei Gewitter in einem See zu baden ist gefährlich.

Ein einsamer Schwimmer auf einem See ist bei Gewitter sehr gefährdet. Der aus dem Wasser schauende Teil des Körpers stellt nämlich ein buchstäblich hervorragendes Ziel für den Blitz dar. Deshalb ist der Ratschlag, schon bei einem heranziehenden Gewitter schnellstens das Wasser zu verlassen, wohl begründet.

Wie sieht es nun mit Enten aus oder mit Lebewesen, die sich komplett unter Wasser befinden? Warum treiben nicht nach jedem Gewitter Tausende von toten Fischen und Wasservögeln auf dem See? Hier gilt zunächst: je kleiner, desto ungefährlicher – in eine Ente schlägt der Blitz nicht so schnell ein wie in einen Menschen, und in kleinen Körpern entstehen in einem elektrischen Feld nicht so hohe Spannungen wie in großen. Und was die Fische angeht: Unter Wasser ist man erheblich sicherer als auf dem Wasser, weil man ja nicht mehr ein bevorzugtes Ziel für den Blitz ist. Und weil das Wasser ein guter Leiter ist, verteilt sich die Energie eines einschlagenden Blitzes in alle Richtungen, sodass Wasserbewohner und Taucher schon in einigen Metern Entfernung vom Blitzeinschlag wenig zu befürchten haben – je tiefer, desto sicherer.

Fazit: Bei Gewitter raus aus dem Wasser!

«Vor Eichen sollst du weichen, Buchen sollst du suchen.»

Recht hat der Volksmund damit, dass man sich bei Gewitter von Eichen fern halten sollte, auch «Die Fichten wähl' mitnichten» und «Die Weiden musst du meiden» sind korrekte Verhaltensregeln. Der Ratschlag, unter einer Buche Schutz zu suchen, kann jedoch fatale Folgen haben. Grundsätzlich gilt: Baum ist Baum, es gibt keine Unterschiede bei der Blitzgefahr. Es kursieren zwar Begründungen wie etwa, dass Eichen aufgrund eines höheren Wassergehalts den Blitz mehr anziehen würden, aber die kann man getrost vergessen.

Das sagt jedenfalls die Schutzgemeinschaft Deutscher Wald: «Nach neuesten Erkenntnissen ist es nicht so, dass manche Baumarten tatsächlich seltener getroffen werden, sondern der Blitzschlag wird unterschiedlich sichtbar.» Die Regel sei darauf zurückzuführen, dass man Eichen die Blitzschäden mehr ansieht als Buchen: Die dicke, oft moosüberzogene Borke der Eiche saugt das Wasser wie ein Schwamm auf und wird so sehr empfänglich für die elektrische Entladung. Die glatte Buchenrinde dagegen leitet den Blitz direkt in den Boden, ohne dass sichtbare Schäden entstehen. In beiden Fällen ist jedoch die Gefahr für den Schutzsuchenden gleich groß.

Empfehlung für das richtige Verhalten bei Gewitter: sich auf dem freien Feld, möglichst in einer Mulde, hinhocken und die Füße dicht beieinander lassen!

Fazit: Unsinn!

Bei Gewitter soll man alle Stecker des Fernsehers herausziehen.

Fernseher, Computer und andere elektronische Geräte können durch so genannte Überspannungen beschädigt werden. Und die können nicht nur durch die Stromleitung ins Gerät gelangen, sondern im Prinzip durch jede Kabelverbindung. Und wer glaubt, dass ein Blitzableiter vor dieser Gefahr schützt, der irrt sich gewaltig!

Die Fachleute unterscheiden bei Gebäuden zwischen dem äußeren und dem inneren Blitzschutz. Beim äußeren handelt es sich um den bekannten Blitzableiter – der sorgt dafür, dass die Energie eines Blitzes, der ins Haus einschlägt, in die Erde abgeleitet wird. Er schützt das Haus vor allem vor Feuer.

Der innere Blitzschutz dagegen sorgt dafür, dass alle Metallleitungen und Installationen im Haus bei einem Blitzeinschlag keinen Schaden nehmen (durch einen so genannten Potenzialausgleich). Empfindliche Geräte können aber auch schon beschädigt werden, wenn der Blitz gar nicht ins eigene Haus einschlägt – auch ein ein Kilometer entferntes Gewitter kann per Induktion zu hohen Spannungen führen. Die zerstörerische Energie kann durch alle Leitungen in das Gerät gelangen, also sowohl über das Stromnetz als auch über das Antennenkabel. Dabei ist es egal, ob man sein Fernsehbild über eine Hausantenne, per Satellit oder Kabel empfängt. Bei Computern ist auch die Leitung zum Telefonnetz eine Gefahrenquelle.

Deshalb ist es wirklich ratsam, bei Gewitter alle Stecker aus Fernseher und Computer herauszuziehen. Und auch vor der Urlaubsreise ist das eine gute Vorsichtsmaßnahme. Wem das zu mühselig ist oder wer auch bei Blitz und Donner vor der Kiste sitzen möchte, für den gibt es Überspannungsschutzgeräte, die sich direkt vor das Gerät schalten lassen und die gefährlichen Spannungsspitzen abfangen.

Fazit: Stecker raus!

«Trockene Gewitter» – also solche ohne Regen – sind gefährlicher als «nasse».

In unseren Breiten sind Gewitter praktisch immer mit Niederschlag verbunden. Allenfalls hört und sieht man einmal ein Gewitter am Horizont und bekommt seinen Niederschlag nicht mit, weil es vorbeizieht – aber am Ort des Gewitters selbst regnet oder hagelt es.

Es gibt aber in heißeren Gegenden der Welt tatsächlich trockene Gewitter, etwa im Westen der USA. Wie kann das sein – schließlich sind doch für die Aufladung der Wolken elektrisch geladene Eispartikel nötig (siehe Seite 53)?

Die Lösung: Auch bei trockenen Gewittern regnet es – aber der Regen erreicht nie den Boden. Die Luft unterhalb der Gewitterwolke ist so heiß und trocken, dass die Tropfen auf dem Weg nach unten verdunsten. Ein solches Phänomen nennen die Meteorologen «Virga». Man kann es auch von weitem erkennen – man sieht unterhalb der Wolke die typischen Regenstreifen, aber die hören dann mitten in der Luft auf.

Gefährlich sind die trockenen Gewitter vor allem, weil sie Waldbrände auslösen können. Denn obwohl der Regen nicht den Boden erreicht – der Blitz kann sehr wohl den Abstand von der Wolke bis zum Boden überbrücken. Wenn er dann etwa einen trockenen Baum in Brand setzt, ist kein Regen da, der das Feuer im Keim ersticken kann. Die böigen Winde, die mit dem Gewitter kommen, fachen das Feuer im Gegenteil noch zusätzlich an.

Trockene Gewitter können sogar aus lodernden Waldbränden entstehen: Das Feuer erzeugt die typischen heftigen Aufwinde, die viel Wasserdampf aus den verbrennenden Pflanzen enthalten. In der Höhe entstehen die Gewitterwolken, aber ihr Regen wird von den heißen Bodenschichten wieder «aufgefressen». Feuerwehrleute fürchten diese Gewitter, weil erstens die Blitze neue Brandherde erzeugen können und zweitens die schnell drehenden Winde des Gewitters das Feuer in alle Richtungen treiben können.

Fazit: Bei uns kein Problem.

Im Winter gibt es keine Gewitter.

Gewitter können auf sehr unterschiedliche Weise entstehen. Allen Gewitterwolken gemeinsam ist, dass in ihnen starke vertikale Strömungen bestehen – die Eisteilchen in der Wolke werden heftig durcheinander gewirbelt, reiben sich aneinander und laden sich elektrisch auf. Irgendwann kommt es zur Entladung – zu heftigen Blitzen.

Das «typische» Gewitter ist ein lokales Phänomen, das tatsächlich fast ausschließlich im Sommer zu beobachten ist: An heißen Tagen steigen vom aufgeheizten Erdboden feuchtwarme Luftblasen nach oben und kühlen dort ab. Wenn das heftig genug geschieht, sind schnell die Bedingungen für ein starkes Gewitter erreicht.

Die so genannten Frontgewitter entstehen aber, wenn eine Kaltfront auf uns zukommt, sich also eine Luftmasse nähert, die kälter ist als die über uns liegende Luft. Während bei Annäherung einer Warmfront die warme Luft sanft auf die vorhandene kältere Luft «aufgleitet», schiebt sich eine Kaltfront wie ein Keil unter die wärmere Luft. Die muss nach oben ausweichen. Wenn sie vorher gut mit Wasserdampf gesättigt war, entstehen bei dieser Aufwärtsbewegung große Wolken, in denen viel Bewegung stattfindet – die idealen Voraussetzungen für ein Gewitter.

Bei Frontgewittern kommt es nicht auf die absolute Temperatur der Luft an, sondern nur auf einen großen Temperaturunterschied zwischen den beiden Luftmassen – je größer der ist, umso heftiger die folgenden Entladungen.

Fazit: Auch im Winter sind wir nicht sicher vor Blitz und Donner.

Bei Gewitter wird die Milch sauer.

Vor einem Gewitter ist die Luft schwül und warm. Da verbreiten sich die Bakterien, die die Milch sauer werden lassen, besonders gut. Milch, die offen in der Wohnung steht, vielleicht noch am offenen Fenster, kann unter diesen Umständen schneller sauer werden. Auch aus anderen Bereichen wird berichtet, dass Gewitterwetter die Gerinnung befördert: So heißt es in einem Buch von 1776 mit dem Titel *Die Kunst Papier zu machen* über den dabei verwendeten Leim: «Wenn die Witterung stürmisch ist, so schlägt er um, wird sauer, verdorben und rinnend.»

Es gibt aber Menschen, die schwören Stein und Bein, dass auch in unserer modernen Zeit, wo die Milch meist im Kühlschrank steht, die alte Regel noch gilt. Kann das sein? Mit Wettergrößen wie Luftdruck, Temperatur und Feuchtigkeit hätte der Vorgang dann nicht viel zu tun.

Einige Wissenschaftler spekulieren über die Rolle elektromagnetischer Wellen bei der Gerinnung. Gerhard Ruhenstroth-Bauer, emeritierter Professor am Max-Planck-Institut für Biochemie bei München, und der Laienforscher Hans Baumer aus Pfaffenhofen sind überzeugt, die Ursache für die biologischen Effekte von Gewitterfronten im Auftreten von Sferics (siehe auch Seite 39) gefunden zu haben. Das sind sehr langwellige, kurze elektromagnetische Impulse im Spektrum zwischen 4 und 50 Kilohertz, die über Entfernungen von 500 Kilometern gemessen werden können. So erklärt Ruhenstroth-Bauer auch die prognostischen Fähigkeiten wetterfühliger Menschen – die Impulse reisen ja viel schneller als die tatsächliche Gewitterfront. Hans Baumer hat einen Apparat gebaut, mit dem sich die

Sferics messen lassen, insbesondere die häufig auftretenden Frequenzen von 10 und 28 Kilohertz. Baumer und Ruhenstroth-Bauer haben das Auftreten der Impulse mit einer ganzen Reihe von biologischen Parametern in Verbindung gebracht: mit der Anfallhäufigkeit von Epileptikern, mit Eigenschaften der Gelatine und auch mit der Aktivität von Bakterien – und da könnte eine Ursache für die Gerinnung der Milch liegen. Was die Sferics mit den Mikroorganismen aber nun genau anstellen, dafür gibt es noch keine wissenschaftliche Erklärung.

Fazit: Auf jeden Fall sollte man die Milch bei Gewitter nicht draußen stehen lassen.

MENSCH UND TECHNIK

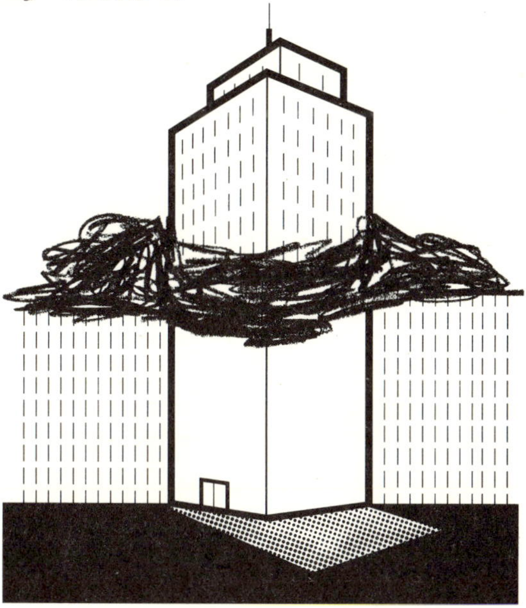

Bei Regen wird man weniger nass, wenn man rennt, anstatt zu gehen.

Instinktiv rennen die meisten von uns los, wenn ein Regenschauer losbricht. Und machen damit genau das Richtige.

Schon viele Hobby- und Profiwissenschaftler haben versucht, das Problem mittels Berechnung zu lösen. Das wissenschaftliche Argument, vorgetragen in der Fachzeitschrift *Weather*, lautet etwa so: Stellen Sie sich vor, Sie wären ein aufrecht gehender Ziegelstein. Dann werden im Regen hauptsächlich Ihre vordere und Ihre obere Seite naß. Wie viel die Frontpartie abkriegt, hängt nur von der zurückgelegten Entfernung ab – Sie nehmen sozusagen alle Tropfen mit, die sich in dem durchquerten Raum befinden. Wie viel Wasser Sie von oben trifft, hängt dagegen von der Aufenthaltszeit im Regen ab – und damit von der Geschwindigkeit. Je länger Sie im Regen sind, umso nasser werden Sie. Deshalb ist es sinnvoll, sich zu beeilen.

Differenzen gab es zwischen den Forschern lediglich darüber, wie viel weniger Wasser man beim Rennen abbekommt. Nachdem theoretische Überlegungen Werte zwischen 10 und 23 Prozent ergeben hatten, entschlossen sich die Amerikaner Thomas Peterson und Trevor Wallis zum Praxistest. Hinter ihrem Institut steckten sie eine 100-Meter-Strecke ab und zogen sich identische Sweatshirts über eine wasserdichte Plastikmontur. Ergebnis: Der sprintende Wallis bekam vierzig Prozent weniger Tropfen ab als sein langsam schreitender Kollege Peterson. Ein Ergebnis, das mit ähnlichen Werten in der «Sendung mit der Maus» reproduziert werden konnte.

Die Sache kann noch erheblich komplizierter werden, wenn man den Wind einbezieht. Einer meiner Leser, Tom Deußen, hat das alles einmal durchgerechnet. Solange der Wind von vorne kommt, ändert sich nicht viel an den Überlegungen. Hat man dagegen Rückenwind, so wird man am wenigsten nass, wenn man sich genau mit der Geschwindigkeit des Windes bewegt – dann steht man relativ zum Regen (theoretisch) still und wird nur von oben nass.

Fazit: Rette sich, wer kann – außer bei Rückenwind!

Segelboote können schneller segeln als der Wind.

Die gewöhnliche Landratte stellt sich das Segeln ja so vor, dass der Wind das Boot vor sich hertreibt – und dann wäre die Windgeschwindigkeit tatsächlich eine obere Grenze für das Tempo des Bootes (von der Wasserströmung einmal abgesehen). Segeln funktioniert aber anders, sonst könnte man nicht quer zum Wind und sogar fast gegen ihn steuern. Und deshalb ist es wirklich möglich, schneller als der Wind zu segeln.

Allerdings wird der gewöhnliche Hobbysegler mit seiner Jolle wohl kaum jemals in den Genuss dieses Effektes kommen. Er lässt sich nur mit speziellen Hochgeschwindigkeitsseglern erreichen, etwa Katamaranen oder Trimaranen, auf denen die Segelpartie eher unkomfortabel ist.

Ganz alltäglich ist das Phänomen dagegen bei Strand- und Eisseglern, die nicht gegen den bremsenden Widerstand des Wassers anzukämpfen haben. Auf dem Eis kann ein segelgetriebenes Fahrzeug eine Geschwindigkeit von 200 Kilometern pro Stunde erreichen, auch wenn der Wind nur mit Tempo 50 bläst.

Wenn der Wind von hinten kommt und das Schiff vom Wind «geschoben» wird, kann es tatsächlich nicht schneller fahren, als der Wind weht. Eine ganz andere Sache ist es, wenn der Wind im rechten Winkel von der Seite kommt und auf das schräg stehende Segel trifft. Dann muss man schon die hohe Schule der Aerodynamik bemühen, um die Bewegung zu erklären, und kommt zu scheinbar paradoxen Resultaten.

Das Segel wirkt wie die Tragfläche eines Flugzeuges. Es entsteht eine Art «Auftrieb» – nur dass die resultierende Kraft nicht wie bei einem Flugzeug nach oben weist, sondern schräg nach vorn. Durch den Kiel und den Bootskörper wird die seitliche Komponente dieser Kraft «abgefangen», sodass sich insgesamt eine Bewegung nach vorn ergibt. Diese Kraft kann erheblich größer sein als der Schub des Windes.

Wie schnell das Boot dann tatsächlich fährt, hängt hauptsächlich von der Form des Rumpfes ab. Der geltende Geschwindigkeitsweltrekord für Segelboote wurde übrigens 1993 von der *Yellow Pages Endeavour* in Australien aufgestellt. Er liegt bei 46,5 Knoten, das sind 86,2 Kilometer pro Stunde. Noch schneller war 2004 der Surfer Finian Maynard, der mit seinem Brett ein Tempo von 86,7 Stundenkilometern erreichte.

Fazit: Stimmt tatsächlich.

Ein Flugzeug fliegt schneller von Westen nach Osten als umgekehrt.

Ein Blick in die Flugpläne der Airlines zeigt: Von Europa nach Amerika, also gegen die Erddrehung, braucht man mehr als eine Stunde länger als in die entgegengesetzte Richtung.

Die Vorstellung, dass beim Flug von Osten nach Westen sich «die Erde unter dem Flugzeug wegdreht», ist also irrig. Erde und Atmosphäre sind ein verbundenes System, die Luftmassen drehen sich grundsätzlich mit. Gäbe es keinen Wind, so wären die Flugzeiten in etwa gleich.

Woher kommt nun der Unterschied? Es liegt an den starken Westwinden, die in dieser Höhe im Schnitt mit etwa 100 Kilometern pro Stunde wehen. Sie geben dem Flug in die östliche Richtung den beschleunigenden Rückenwind.

Dass die Winde diese vorherrschende Richtung haben, hängt mit der Erdrotation zusammen und mit dem daraus resultierenden Coriolis-Effekt. Der ist zwar zu klein, um sich auf den legendären Strudel in der Badewanne auszuwirken, auf große meteorologische Phänomene nimmt er aber doch Einfluss.

In diesem Fall ist es so: In der Äquatorregion steigt warme Luft nach oben und wird in etwa zehn bis zwölf Kilometern Höhe nach Norden und Süden abgelenkt. Jeder Punkt am Äquator dreht sich mit 1667 Kilometern pro Stunde von West nach Ost, und diesen «Schwung» bekommt die Luft mit. Je weiter man nach Norden kommt, desto geringer ist aber die Drehgeschwindigkeit auf dem Erdboden, bis hin zum still stehenden Nordpol. Die vom Äquator kommenden Luftmassen werden deshalb nach Osten abgelenkt – ein Westwind ist die Folge, sowohl auf der Nord- als auch auf der Südhalbkugel.

Fazit: Stimmt, und es liegt am Wind.

Kondensstreifen von Flugzeugen können zu Wolken werden.

Kondensstreifen sind im Prinzip Wolken – sie gleichen in ihrer Struktur den Cirruswolken, die sich in Höhen um zehn Kilometer bilden. Dort oben herrschen Temperaturen um minus 40 Grad, sodass der Wasserdampf in den Abgasen von Düsenflugzeugen unmittelbar zu Eiskristallen gefriert. Die nötigen Kondensationskeime liefert der Jet in Gestalt von feinen Rußpartikeln gleich mit.

Dadurch wird für uns ein Flugzeug sichtbar, das sonst nur ein Punkt am Himmel wäre. Den Militärs ist das ein Dorn im Auge – deshalb gibt es geheime Zusätze im Treibstoff von Spionageflugzeugen, mit denen man die Bildung der verräterischen Wolken verhindern will.

Normalerweise lösen sich Kondensstreifen schnell wieder auf – ihre Lebensdauer beträgt meist nicht mehr als ein paar Minuten. Wenn allerdings die Luft in dieser Höhe mit Feuchtigkeit schon fast gesättigt ist, bleiben die Kondensstreifen länger bestehen, sie gehen in die Breite und sind als feine Schlieren am Himmel sichtbar. Langlebige Kondensstreifen sind also ein Zeichen für hohe Luftfeuchtigkeit und damit in gewisser Weise auch ein Bote für schlechteres Wetter.

Die Wasserdampfmenge, die ein Flugzeug ausstößt, ist allerdings gering im Vergleich zu dem, was eine normale Wolke so an Wasser speichert. Trotzdem können die Flugzeugabgase zur Wolkenbildung beitragen. Die Partikel, die aus dem Triebwerk strömen, können nämlich auch den schon vorhandenen Wasserdampf zum Kondensieren bringen. So kann aus einem schmalen Kondensstreifen eine Wolke entstehen, die die zehnfache Fläche einnimmt. Statistisch ist nachgewiesen worden, dass es in den großen Flugkorridoren tatsächlich einen höheren Grad an Bewölkung gibt.

Fazit: Kondensstreifen können sich zu Wolken auswachsen.

Die Sommerzeit spart Energie.

Der englische Begriff bringt den Effekt der Sommerzeit auf den Punkt: *Daylight Savings Time* heißt übersetzt «Tageslichtsparzeit» und nicht «Energiesparzeit» – und vom Tageslicht haben die meisten Menschen ja tatsächlich mehr, wenn die Uhren auf Sommerzeit gestellt werden und damit der gesamte Tag um eine Stunde nach hinten verschoben wird.

Nach der Ölkrise der siebziger Jahre wurde 1980 die Sommerzeit in der Hoffnung eingeführt, dadurch Energie einsparen zu können. Inzwischen ist das in mehreren Studien untersucht worden, und die sind sich einig: Wenn es eine Auswirkung gibt, dann ist sie winzig. Manche errechnen einen kleinen Spareffekt, andere kommen auf einen ebenso unbedeutenden Mehrverbrauch. Es wird wohl tatsächlich weniger Strom für elektrisches Licht verbraucht. Aber da nur etwa zehn Prozent unseres Stroms für die Beleuchtung verwendet werden, sind das lediglich Einsparungen von Bruchteilen – die Energieversorger können keinen Unterschied messen. Mehr Energie wird dadurch verbraucht, dass es im Frühling und im Herbst morgens noch sehr kalt sein kann und so höhere Heizkosten entstehen. Und an den langen Abenden fahren die Menschen offenbar vermehrt ins Grüne und verbrauchen dadurch mehr Benzin.

Das einzige Argument für die Beibehaltung der Sommerzeit ist wirklich, dass es länger hell bleibt. Und das wiegt offenbar schwerer als die Probleme, die manche Menschen und auch manche Tiere mit der Zeitumstellung haben.

Fazit: Der erhoffte Spareffekt ist ausgeblieben.

Die Spitzen von Wolkenkratzern bewegen sich bei Wind mehrere Meter hin und her.

Hartnäckig hält sich dieses Gerücht, und selbst wenn manche Menschen berichten, sie hätten den Ausschlag eines Hochhauses am eigenen Leib verspürt – die Realität sieht erheblich bescheidener aus. «Für die höchsten europäischen Hochhäuser liegt dieser Wert eher im Bereich von etwa zehn Zentimetern», erzählt Uwe Weitkemper, der sich an der TH Aachen mit Baustatik beschäftigt. Und sogar für die höchsten Wolkenkratzer der Welt liegen die Werte unter einem Meter: Die Türme des World Trade Centers schwankten in 400 Metern Höhe um maximal 28 Zentimeter.

Aber diese «Kopfauslenkung» ist auch gar nicht das wesentliche Kriterium bei der Festlegung der Steifigkeit von Hochhäusern. Eine langsame, große Schwankung empfinden Menschen nämlich als weniger unangenehm als eine kleine, schnelle. Das liegt daran, dass wir eine gleichförmige Bewegung kaum wahrnehmen, sondern vor allem die Beschleunigung, die der Körper beim Schwanken erfährt. Und da liegt der Grenzwert, an den sich die Konstrukteure im Allgemeinen halten, bei etwa 0,1 m/s^2 – darüber wird's ungemütlich. Und das heißt: Wenn das Gebäude an der Spitze mit diesem Wert beschleunigt wird, dann wackelt es in einer Sekunde um lediglich fünf Zentimeter.

Selbst im ärgsten Sturm wird es nicht viel schlimmer: Nach amerikanischen Bestimmungen darf sich auch bei Erdbeben und Hurrikans ein Stockwerk gegenüber dem darunter liegenden um maximal 0,5 Prozent der Stockwerkshöhe verschieben. Wenn dieser Extremwert in allen Etagen gleichzeitig erreicht wird (was nach Weitkempers Aussage kaum möglich ist), so schwankt ein 300-Meter-Wolkenkratzer an der Spitze um 1,50 Meter. Aber bis es so weit kommt, sind wahrscheinlich schon alle Menschen panisch aus dem Gebäude gestürmt.

Um die Schwingungen der riesigen Stahlkonstruktionen zu dämpfen, greifen die Ingenieure zu aufwendigen Methoden. So ist mitten im höchsten Hochhaus der Welt, dem 509 Meter hohen Taipeh 101 in Taiwan, im 88. Stockwerk eine 660 Tonnen schwere Stahlkugel aufgehängt, die sozusagen als Gegengewicht ein zu starkes Schwanken des Gebäudes bei Erdbeben verhindern soll.

Fazit: Sie schwanken weniger, als man denkt!

Im Auto ist man vor Blitzschlag geschützt.

Ein Auto ist, physikalisch betrachtet, ein «Faraday-Käfig». Darunter versteht man eine geschlossene Metallstruktur mit nicht allzu großen Löchern. Wenn ein solcher Käfig von einer elektrischen Entladung getroffen wird, dann verteilt sich die Ladung nur über die Außenhülle und wird dann gegebenenfalls zur Erde abgeleitet. Das kann man zum Beispiel bei spektakulären Vorführungen im Deutschen Museum in München bestaunen, bei denen ein Mitarbeiter in einem solchen Käfig sitzt, draußen sprühen die Funken, und er bleibt unverletzt. Im Inneren des Käfigs und auch in einem Auto ist die Feldstärke null. An der Karosserie kann die enorme Hitze Spuren hinterlassen, und auch elektrische Geräte können Schaden nehmen – aber der Mensch ist sicher.

Nun hat allerdings nicht jedes Auto eine komplette Metallhülle. Immer mehr Kunststoffteile werden verbaut, etwa in Schiebedächern. Und ein Cabriolet ist auch bei geschlossenem Verdeck nicht völlig sicher. Ob der Blitz da wirklich abgeleitet wird, hängt von mehreren Faktoren ab – etwa davon, wie nass das Stoffdach ist oder ob es eine stützende Metallkonstruktion besitzt. Riskant ist eine Cabrio-Tour bei Gewitter auf jeden Fall!

Fazit: Gilt nur für geschlossene Limousinen.

Man kann Unwetter durch Glockenläuten und Kanonenschüsse verhindern.

Hagelschießen» nannte man es früher, wenn man mit Kanonenschüssen versuchte, ein aufziehendes Unwetter zu beeinflussen. In manchen Dörfern ist es auch noch üblich, bei drohendem Gewitter die Glocken der Kirche Stum läuten zu lassen – in der Hoffnung, damit die Folgen des Unwetters zu mildern.

Abgesehen davon, dass gar nicht so richtig klar ist, was diese Maßnahmen bewirken sollen – schon ein Blick auf die Größenordnungen der Phänomene macht klar, dass solche Versuche wohl ziemlich aussichtslos sind: Die Energie, die bei einem mittleren Gewitter umgesetzt wird, ist ungefähr die einer Atombombe. Dagegen ist ein Kanonenschuss ein Klacks, und auch die Schallwellen der Dorfkirche können gegen die geballte Macht der Himmelsphänomene nichts ausrichten.

Fazit: Beten nützt mehr als Glockenläuten.

Man kann gezielt Wolken zum Abregnen bringen.

Seit Jahrtausenden träumen die Menschen davon, das Wetter beeinflussen zu können. Sei es, um nach einer langen Dürreperiode endlich Regen herbeizuführen, oder auch nur, um eine große Militärparade vor drohendem Regen zu bewahren. Solche Versuche gibt es bis in die heutige Zeit – ob das «Impfen» von Wolken mit Chemikalien allerdings mehr bewirkt als die Regentänze der amerikanischen Indianer, ist durchaus umstritten.

Die ersten Versuche, mit technischen Mitteln auf das Wetter einzuwirken, gab es in den vierziger Jahren des vergangenen Jahrhunderts. Das Prinzip bei diesen Experimenten ist eigentlich immer dasselbe: Man versucht, durch das Ausstreuen von Partikeln, an denen sich Wasser niederschlägt (so genannte Kondensationskeime), entweder Wolken zu erzeugen oder bereits bestehende Wolken dazu zu bringen, ihre Wasserfracht als Regen abzuwerfen. Dabei kommen unterschiedliche Substanzen als Kondensationskeime zum Einsatz, vor allem Silberiodid und Trockeneis (gefrorenes Kohlendioxid).

In großem Maßstab wurden und werden diese Verfahren in China und Russland angewandt. In der Volksrepublik schießt man Raketen mit Silberiodid in Wolken, um sie über trockenen Regionen zum Abregnen zu bringen. Es gibt sogar Streit zwischen verschiedenen Regionen, die sich gegenseitig des «Regendiebstahls» bezichtigen. In Russland ist die Regenmacherei ein Überbleibsel aus der Zeit des Kommunismus. Noch immer werden vor den großen Paraden, die zu den Jahrestagen der Oktoberrevolution und des Sieges über die Nazis sowie zum 1. Mai stattfinden, die Wolken «behandelt». Tatsächlich finden die Paraden selten bei Regen statt. In den USA dagegen ist die Wettermacherei fast vollständig in privater Hand – Firmen bieten ihre Dienste an, etwa um Nebel in Flughäfennähe zu beseitigen oder die Größe von Hagelkörnern in Gewitterwolken zu reduzieren.

Das Problem bei all diesen Maßnahmen: Ihre Wirksamkeit ist schwer zu beweisen. Wenn das gewünschte Ziel erreicht wird und eine Wolke abregnet – wer sagt dann, dass sie das nicht sowieso getan hätte? Langfristige Auswertungen der Versuche gibt es nicht, und so bleibt die Wettermacherei immer noch eine Glaubenssache.

Fazit: Die Beweise fehlen bis heute.

Mit geheimen Experimenten werden Wetter und Atmosphäre beeinflusst

Das Wetter der Erde ist eine gigantische thermodynamische Maschine, die unser ganzes Leben beeinflusst. Seit Jahrtausenden träumt der Mensch davon, die Launen des Wetters vorherzusagen oder es sogar gezielt zu beeinflusssen (siehe Seite 82). Da konnte es nicht ausbleiben, dass sich auch Verschwörungstheorien bildeten, nach denen geheime Mächte hinter unserem Rücken gigantische Experimente mit Wetter und Atmosphäre veranstalten.

In den letzten Jahren sind vor allem die so genannten Chemtrails ins Gerede gekommen. Dabei geht es um Kondensstreifen am Himmel – die, wenn man den Vertretern dieser Theorie glaubt, gar keine normalen Kondensstreifen sind, sondern geheime Chemikalien enthalten. Es gibt verschiedene Erklärungen für ihre Wirkungsweise: von der Beeinflussung des Wetters über Maßnahmen gegen den Treibhauseffekt bis zur Manipulation der Menschheit duch Psycho-Drogen.

Das zentrale Argument für die Existenz der Chemtrails ist immer: «Die sehen anders aus als normale Kondensstreifen.» Sie seien anders geformt, langlebiger, und der Himmel würde mit systematischen Mustern überzogen.

Die Argumente der Skeptiker sind allerdings überzeugender: Kondensstreifen (siehe Seite 75) können vielfältige Formen annehmen und je nach Wetterbedingungen sehr langlebig sein. Die angeblichen Chemikalien in den Chemtrails hat noch niemand nachweisen können. Und schließlich wäre zur Geheimhaltung solcher Machenschaften eine riesige Vertuschungsaktion nötig, die sich eigentlich kaum jemand vorstellen kann.

Verschwörungstheorien ranken sich auch um das HAARP-Projekt, eine Forschungsstation des amerikanischen Militärs in Alaska. Von dort werden hochfrequente elektromagnetische Strahlen in die Ionosphäre geschickt – das ist die höchste Schicht der Atmosphäre, die in über 100 Kilometern Höhe vor allem aus elektisch geladenen Partikeln besteht. Mit unserem Wetter hat sie wenig zu tun, man kann sie vor allem dann wahrnehmen, wenn sie vom Sonnenwind gepeitscht wird und dabei die farbenprächtigen Nordlichter entstehen.

Die Ionosphäre ist vor allem für die Übertragung von Funkwellen wichtig. Kurzwellen werden an ihr reflektiert, nur so ist überhaupt ein Funkverkehr von Kontinent zu Kontinent möglich. Das Projekt soll nun erforschen, ob man diese Übertragung durch gezieltes «Beschießen» der Ionosphäre beeinflussen kann. Ins Gerede kam HAARP, weil es tatsächlich Überlegungen gab, solche «Strahlenkanonen» als Teil eines Weltraum-Abwehrsystems zu nutzen – die Funkwellen sollten feindliche Flugkörper orientierungslos machen. Mit der heutigen Ausrüstung der Station sind solche Effekte aber nicht zu erreichen. Und die Vorstellung, mit Funkwellen das Wetter zu beeinflussen, entbehren jeglicher Grundlage.

Fazit: Es gibt keine Beweise – aber das ist ja gerade das Schöne an Verschwörungstheorien.

Der Treibhauseffekt ist vom Menschen verursacht.

Seit über 100 Jahren, seit Beginn der Industrialisierung, steigen die Temperaturen auf der Erde an. Gleichzeitig ist durch die Verbrennung fossiler Brennstoffe die Konzentration von Kohlendioxid (CO_2) in der Atmosphäre um etwa ein Drittel gestiegen – von 0,28 Promille auf 0,37 Promille. Kohlendioxid trägt bekanntlich zum Treibhauseffekt bei: Die Moleküle lassen das Sonnenlicht passieren, aber die von der Erde zurückkommende Wärmestrahlung absorbieren sie.

Lange gab es einen Streit unter den Forschern, ob man erstens den CO_2-Anstieg auf die Aktivität des Menschen zurückführen kann (denn immerhin macht die menschliche CO_2-Produktion nur etwa zwei Prozent des natürlichen Ausstoßes aus), und ob zweitens dieses Kohlendioxid für die beobachtete Erwärmung verantwortlich ist – es gab auch andere Modelle, nach denen die Aktivität der Sonne gestiegen ist.

Im Jahr 2007 legt das internationale Klima-Komitee der UN, das IPCC, wieder einen Klimabericht vor. Die neuesten Computersimulationen haben den Klimawandel noch genauer prognostiziert, und inzwischen gibt es kaum noch seriöse Wissenschaftler, die die Kernaussagen des Berichts bezweifeln:

- Seit 20 000 Jahren hat es keinen so steilen Temperaturanstieg gegeben.
- Bis zum Ende des Jahrhunderts wird es noch einmal um etwa drei Grad wärmer.
- Natürliche Schwankungen als Ursache für die Erwärmung sind praktisch auszuschließen.

Mit Unsicherheiten behaftet sind immer noch Aussagen darüber, wie sich das Klima in den einzelnen Regionen der Erde entwickelt. Aber die allgemeine Tendenz ist klar – und die Verantwortung dafür auch.

Fazit: Der Mensch ist tatsächlich schuld.

Flutkatastrophen nehmen aufgrund des Treibhauseffekts zu.

Nach unseren Maßstäben handelt es sich bei einem Naturereignis immer dann um eine Naturkatastrophe, wenn davon Menschen betroffen sind – deshalb hängt die Frage, ob und wie oft es zu Flutkatastrophen kommt, immer davon ab, wie viele Menschen in Küsten- und Uferregionen siedeln und somit betroffen sind. Wenn ein unbewohntes Stück Land überflutet wird, registrieren wir das nicht als Katastrophe. Bei allen Überlegungen zur zukünftigen Entwicklung sollte man also auch im Hinterkopf behalten, dass die Bevölkerung exponentiell wächst – auch in Küsten- und Uferregionen. Von so genannten Katastrophen sind heute also zwangsläufig mehr Menschen betroffen als noch vor 200 Jahren unter ansonsten ähnlichen Bedingungen.

Unbestritten ist nun, dass in den letzten 15 Jahren, die zu den wärmsten seit Beginn der Wetteraufzeichnungen gehören, die Zahl von Sturmfluten und Überschwemmungen zugenommen hat. Die Umweltbehörde der EU hat die Unwetter in den neunziger Jahren des zwanzigsten Jahrhunderts gezählt und ist auf eine Verdoppelung gegenüber den achtziger Jahren gekommen. Auch die Modelle der Klimaforscher sagen aufgrund des gestiegenen Kohlendioxidgehalts der Atmosphäre nicht nur eine allgemeine Erwärmung voraus, sondern auch extremere Wetterereignisse – mehr Dürren, mehr Überschwemmungen, mehr Wirbelstürme.

Die Gründe dafür sind vielfältig, die Zusammenhänge zu komplex, um sie in Kürze auch nur annähernd beschreiben zu können. Aber: Wärmere Luft kann generell mehr Feuchtigkeit aufnehmen – und damit besteht ein größeres Potenzial für heftige Niederschläge. Die steigenden Meeresspiegel bedrohen unmittelbar die Küstenstädte mit Sturmfluten, mit dem Begradigen von Flüssen und durch fehlende Überflutungsflächen hat sich der Mensch an den Flüssen zumindest einen nicht unerheblichen Teil seiner Probleme selbst geschaffen.

Bei keinem einzelnen Wetterereignis kann man sagen: Das war jetzt eine Folge des Klimawandels – extreme Wetterphänomene gab es zu allen Zeiten und wird es immer geben. Aber sowohl in der Statistik der letzten Jahre als auch in Simulationen für die Zukunft zeigt sich: Es kommt noch einiges auf uns zu.

Fazit: Das Wetter wird extremer.

Wenn alle den Teller leer essen, gibt es gutes Wetter.

Über einen Zusammenhang zwischen dem Essverhalten und dem Wetter des Folgetages müssen wir uns in diesem Buch keine Gedanken machen. Aber der Spruch «Iss deinen Teller leer, dann gibt es morgen gutes Wetter!» hat auch ursprünglich nichts mit der Frage zu tun, ob es morgen regnet oder die Sonne scheint.

Der Spruch soll nämlich aus dem Plattdeutschen stammen. In ärmeren Zeiten galt es als Verschwendung, den Teller nicht leer zu essen und das Essen wegzuwerfen, und so mahnten die Eltern ihre Kinder: «Wenn du dien Teller leer ittst, dann gifft dat morgen goodes wedder» – das bedeutet: Wenn du deinen Teller leer isst, dann gibt es morgen wieder etwas Gutes. Von Wetter keine Rede. Der Legende nach ist dieser Spruch dann von einem süddeutschen Kind, das in Ostfriesland auf Urlaub war, falsch verstanden worden und hat sich dann in südlicheren Gegenden verbreitet. Aber das ist bestimmt auch wieder so eine Legende …

Fazit: Essverhalten wirkt nicht aufs Wetter.

REGEN, SCHNEE UND EIS

Man kann Regen riechen.

Man muss hier zwei Fragen unterscheiden: Kann man es riechen, wenn es regnet? Oder kann man den Regen sogar riechen, *bevor* er eintrifft?

Die erste Frage kann eigentlich jeder mit einem klaren Ja beantworten: Vor allem wenn es nach einer langen Trockenheit zu regnen beginnt, hängt ein charakteristischer Geruch in der Luft, natürlich eher auf dem Land als in der Stadt. Düfte sind meist sehr komplex und bestehen aus einer Vielfalt von chemischen Verbindungen, aber zwei Komponenten des Regengeruchs haben die Wissenschaftler ausfindig gemacht. Die erste geht von Bakterien aus, den so genannten Aktinomyceten. Die siedeln im Erdboden und lieben die Feuchtigkeit. Wenn es längere Zeit nicht geregnet hat und der Boden austrocknet, bilden sie Sporen. Diese Sporen werden mit dem prasselnden Regen aufgewirbelt und fliegen als Aerosole durch die Luft, die wir dann einatmen.

Die zweite Komponente sind flüchtige ätherische Öle, die von Pflanzen und Gräsern abgesondert werden und sich auf dem Erdboden und auf Gesteinen niederschlagen. Dort werden sie vom Regenwasser gelöst und «verduften» in die Luft. Für diesen Geruch haben Forscher sogar einen Begriff erfunden: *Petrichor.*

Die spannendere Frage: Kann man Regen riechen, *bevor* er fällt? Es gibt Anzeichen dafür, dass man zumindest heraufziehende Gewitter riechen kann. Im Inneren von Gewitterwolken werden durch Blitze, aber auch einfach durch die großen elektrischen Spannungen Sauerstoffmoleküle (O_2) aufgespalten. Die beiden Einzelgänger-Atome verbinden sich dann mit weiteren

O_2-Molekülen zum dreiatomigen Ozon. Das Ozongas sinkt aus der Wolke nach unten, und es kann auch durch den Wind vor einem Gewitter zu uns geweht werden, bevor der Regen tatsächlich da ist. Im Gegensatz zum geruchslosen zweiatomigen Sauerstoff hat Ozon einen charakteristischen stechenden Geruch, der aber in geringen Konzentrationen nur schwer wahrzunehmen ist.

Fazit: Wenn es regnet, riecht man das – und manchmal sogar schon vorher.

Wenn der Regen auf den Pfützen Blasen wirft, ist er bald vorbei.

Ändert der Regen seine chemische Zusammensetzung, kurz bevor er aufhört? Bestimmt nicht. Aber hier ist eine mögliche Erklärung für diese seltsame Beobachtung: Regen, der in Pfützen Blasen wirft, muss immer sehr starker Regen sein. Der ist aber typisch für heftige Schauer, wie man sie etwa bei Gewittern oder beim Durchzug einer Kaltfront beobachten kann. Und die sind zeitlich und räumlich immer begrenzt, anders als der so genannte Landregen. Der tritt typischerweise beim Durchzug einer Warmfront auf und ist zwar kräftig, aber längst nicht so stark wie ein Gewitterschauer. Das liegt an der Art, wie der Regen entsteht: An einer Warmfront schiebt sich die Luft auf großer Fläche langsam auf die kältere auf, sie wird langsam stetig und flächig angehoben, und es regnet daraus genauso stetig ab. Anders bei einem Gewitter – hier wird die Luft auf einer überschaubaren Fläche von wenigen Quadratkilometern heftig bis in große Höhe emporgerissen, das ganze Ereignis läuft viel heftiger ab, ist aber eben auch schneller vorbei.

Fazit: Schauer haben dicke Tropfen!

Tau am Morgen verspricht schönes Wetter.

Tautropfen haben nichts mit Regen zu tun. Tau entsteht, weil sich in einem Kubikmeter Luft umso weniger Wasserdampf befinden kann, je kälter es ist. Wenn also an einem schönen warmen Sommertag die Luftfeuchtigkeit zum Beispiel 50 Prozent betragen hat, dann kann sie bei einer kräftigen Abkühlung durchaus auf 100 Prozent steigen – und das bedeutet, dass sich Tröpfchen bilden, die wir dann zum Beispiel als funkelnde Tautropfen auf den Gräsern sehen können. Das kann schon in den Abendstunden passieren, aber oft wird es erst am frühen Morgen so kalt, dass der Wasserdampf in der Luft teilweise kondensiert.

Auf den ersten Blick mag das als ein Bote für schlechtes Wetter erscheinen, nach dem Schema Feuchtigkeit = Wolken = Regen. Aber das Gegenteil ist der Fall. Zu einer kräftigen Taubildung kann es nämlich nur kommen, wenn es zuvor einen kräftigen Temperaturabfall gibt. Der Erdboden und die bodennahen Luftschichten müssen die Tageswärme möglichst ungehindert abstrahlen können. Und das können sie am besten, wenn die Luft klar und wolkenfrei ist – denn Wolken wirken isolierend, sie werfen die Wärme teilweise auf die Erde zurück.

Tau am Morgen bedeutet also, dass die Nacht klar gewesen ist. Es gibt keine Wolken, die schlechtes Wetter bringen könnten, und der Tag wird schön – vorerst zumindest. Natürlich können sich an einem schönen Sommertag im Lauf des Nachmittags Gewitter bilden, und der Tag nimmt doch noch ein feuchtes Ende.

Fazit: Die Regel stimmt.

Regentropfen sind «tropfenförmig».

Die Tropfenform, wie sie jedes Kind zeichnen kann und wie sie auch auf den Wetterkarten zur Illustration von Regen verwendet wird, stimmt mit der natürlichen Tropfenform eigentlich nicht überein. Selbst bei einem tropfenden Wasserhahn hat der Wassertropfen kurz vor dem Ablösen nicht diese Form – er sieht eher aus wie eine Kugel, die an einem länger werdenden Faden hängt, der schließlich abreißt.

Regentropfen bilden sich dadurch, dass Wasser aus dem gasförmigen in den flüssigen Zustand übergeht. Sie brauchen dazu einen «Kondensationskeim», also ein kleines Teilchen, an dem sie sich niederschlagen. Das wachsende Tröpfchen ist zunächst kugelförmig – das ist einfach die «ökonomischste» Form, wie bei einem Luftballon zieht die Oberflächenspannung des Wassers das Tröpfchen so zusammen, dass die Oberfläche im Verhältnis zum Volumen möglichst klein ist. Wenn der Tropfen groß genug ist, beginnt er herunterzufallen und kann dabei, je nach Witterungsverhältnissen, noch weiter wachsen.

Bis zu einem Durchmesser von etwa einem halben Millimeter ändert sich an dieser Kugelform nichts. Wird der Tropfen jedoch größer, dann beginnt der Luftwiderstand gegenüber der Oberflächenspannung die Oberhand zu gewinnen. Zunächst flacht der Tropfen unten ab, während er oben seine kugelige Form behält. Dann stülpt sich sogar die untere Seite ein wenig nach innen. Hat der Tropfen einen Durchmesser von vier Millimetern, dann beginnt diese Delle so weit nach innen zu wachsen, dass der Tropfen zur Blase wird und sich schließlich in mehrere Tröpfchen aufteilt.

Die Tropfen in einem Regenschauer sind übrigens nicht alle gleich groß, sondern ihre Größe ist statistisch verteilt. Wo diese Verteilungskurve ihr Maximum hat, hängt von der Art des Regens ab.

Fazit: «Richtige» Tropfen gibt es nicht.

Raureif ist gefrorener Tau.

Reif entsteht im Prinzip genauso wie Tau: Die Luft kühlt über Nacht ab, sie kann nicht mehr so viel Wasserdampf halten, und das überschüssige Wasser sieht man dann als Niederschlag. Beim Tau geschieht dies durch Kondensation – der Wasserdampf wird zu flüssigem Wasser und bildet Tröpfchen. Beim Raureif dagegen findet ein Prozess statt, den man Resublimation nennt: Aus Wasserdampf entstehen unmittelbar Eiskristalle.

Das widerspricht der landläufigen Vorstellung, dass die drei Aggregatzustände des Wassers – fest, flüssig, gasförmig – immer schön nacheinander durchlaufen werden müssen. Diese Vorstellung ist falsch. Je nach den Druckbedingungen kann auch Eis unmittelbar verdunsten (Sublimation) oder eben Wasserdampf zu Eis werden, wie beim Raureif. Der Reif «fällt» nicht, sondern er «wächst» an den Flächen, an denen er sich niederschlägt. Mehr noch als der Tau ist er ein Anzeichen für schönes Wetter am beginnenden Tag.

Gefrorenen Tau gibt es auch. Der entsteht, wenn es zuerst taut – also die Luft so weit abkühlt, dass sie mit Wasser übersättigt ist – und anschließend friert. Die Tautröpfchen werden dann zu kleinen Eisperlen und sehen ganz anders aus als der puderzuckerartige Raureif.

Fazit: Stimmt nicht. Während Tau «fällt», «wächst» Reif.

Obstbauern schützen die Apfelblüten vor Frost, indem sie sie mit Wasser besprühen.

Es klingt paradox, dass eine Eisschicht die Blüten von Obstbäumen und Weinreben vor dem Erfrieren schützen soll, aber es stimmt tatsächlich. Einer Anekdote zufolge soll das ein weinseliger Bauer in der Toskana entdeckt haben. Während seine Kollegen nach einem warmen Frühlingstag aus Angst vor dem Nachtfrost die Beregnungsanlagen in ihren Weinbergen abstellten, torkelte er erst im Morgengrauen aus der Kneipe nach Hause – und seine Reben waren die einzigen, deren Blüten den strengen Frosteinbruch überlebten.

Obstblüten sterben nicht gleich, wenn die Temperatur um den Gefrierpunkt liegt. Gefährlich wird es für sie erst, wenn über mehrere Stunden einige Minusgrade herrschen. Zwei physikalische Phänomene sorgen dafür, dass ein leichter Eismantel sie in dieser Situation schützt: Das erste ist die Isolierung. Eis ist kein besonders guter Wärmeleiter, und die Schicht, deren Temperatur um null Grad liegt, schützt vor einer größeren Kälte in der Umgebungsluft. Das zweite Schutzprinzip trägt den physikalischen Namen «Erstarrungswärme»: Wenn eine Flüssigkeit den Aggregatzustand wechselt und fest wird, gibt sie Wärme an die Umgebung ab. Bei Wasser sind das 335 Joule pro Gramm – Wärmeenergie, die direkt der Blüte zugute kommt. Das funktioniert sogar noch, wenn die Pflanze schon eine Eishülle hat. Zusätzliche Beregnung sorgt für zusätzliche Wärme. Allerdings ist irgendwann der Panzer zu dick, und ganze Zweige können abbrechen. Die Kunst besteht darin, das Wasser möglichst fein zu zerstäuben und so für eine möglichst lange Zeit kontinuierlich Erstarrungswärme zu erzeugen, ohne dass die Eisschicht zu massiv wird. Wenn der Frost aber mehrere Nächte hintereinander anhält, dann nützt auch die ausgeklügeltste Beregnung nichts.

Fazit: Ein Eispanzer kann tatsächlich wärmen!

Gelbliche Wolken kündigen Hagel an.

Hagel entsteht in mächtigen Gewitterwolken, in denen heftige Auf- und Abwinde nebeneinander herrschen. Regentropfen werden nach oben gerissen, gefrieren und fallen hinab. Von den Aufwinden werden sie wieder und wieder nach oben getragen, sodass nach und nach immer neue Eisschichten hinzukommen, bis das Hagelkorn zu schwer wird und zur Erde fällt. So entstehen taubenei- oder tennisballgroße Geschosse, die dann am Boden große Schäden anrichten können.

Die hohen, ambossförmigen Gewitterwolken sind an ihrer Unterseite dunkel, weil das Sonnenlicht kaum durch die Wolke dringen kann. Wenn sich zusätzlich noch Eiskörner im Inneren der Wolke befinden, brechen sich an diesen Hagelkörnern die Farben des Sonnenlichts in unterschiedlicher Weise – wir sehen dann nicht mehr ein klares Weiß, sondern eine Verfärbung, die manchmal als gelb und manchmal als grün wahrgenommen wird.

Fazit: Bei gelben Wolken Auto in die Garage!

Keine Schneeflocke gleicht der anderen.

Eine Schneeflocke ist eigentlich ein Klumpen von vielen Schneekristallen. Dass diese Flocken jedes Mal anders aussehen, ist eigentlich kein Wunder. Aber selbst für die einzelnen Kristalle gilt: Sie sind Individuen, keines sieht aus wie das andere.

Zu diesem Ergebnis kam jedenfalls der amerikanische Fotograf Wilson Bentley, der etwa 5000 Schneeflocken unter dem Mikroskop fotografiert hat. 1922 schrieb er: «Jede Schneeflocke ist von unendlicher Schönheit, die noch vergrößert wird durch das Wissen, dass der Forscher höchstwahrscheinlich niemals eine andere exakt gleiche finden wird.» Andererseits: 5000 ist ja nur ein winziger Bruchteil der Schneeflocken, die seit Anbeginn der Zeiten auf die Erde gefallen sind.

Die Formenvielfalt der Schneekristalle erklärt sich durch die verschiedenen Bedingungen, unter denen sie entstehen. Man unterscheidet zunächst drei Grundformen: sechseckige Plättchen, prismenförmige Stäbchen und die so genannten Dendriten – das sind die bekannten verzweigten Sternchen. Daneben gibt es die vielfältigsten Mischformen, etwa wenn aus einem Stäbchen noch kleine Bäumchen wachsen. Bei Stäbchen und Plättchen ist die Formenvielfalt sehr beschränkt, und man würde durchaus manche Exemplare als gleich bezeichnen. Beschränken wir uns also auf die dritte Sorte, den «klassischen» Schneekristall. Er entsteht bei Temperaturen zwischen –17 und –12 Grad, wenn sich Wassermoleküle aus der Dampfphase direkt an einen so genannten Kondensationskeim anlagern. Die stets sechsstrahlige Symmetrie rührt von den Dipoleigenschaften des Wassers her. Und neue Moleküle lagern sich bevorzugt an den Ecken der Struktur ab. Es kommt etwas zustande, das die Mathematiker ein Fraktal nennen: An jeder Ecke entsteht ein Röhrchen, an dessen Ecken wiederum kleinere Röhrchen entstehen – und so weiter, bis auf die Ebene der Moleküle.

Die Geschwindigkeit und die Richtung des Wachstums hängen von Temperatur und Luftfeuchtigkeit ab. So dokumentiert jeder Kristall sozusagen die «Geschichte» seiner Umweltbedingungen. Und weil zwei Flöckchen niemals zusammenbleiben, sondern auf ihrem Weg hinab auseinander gewirbelt werden und so eine jeweils individuelle «Biographie» bekommen, entsteht die immense Formenvielfalt.

Letztlich steckt dahinter natürlich die fast schon philosophische Frage, wie ähnlich zwei Dinge sein müssen, damit wir sie als gleich bezeichnen. Geht man hinunter bis auf die atomare Ebene, so gibt es wohl keine zwei gleichen Dinge auf dieser Welt – seien es zwei Rosen, zwei Fliegen, zwei Sandkörner – oder eben zwei Schneeflocken.

Fazit: Stimmt bis zum Nachweis des Gegenteils!

Bei großer Kälte schneit es nicht.

Damit es schneit, muss Wasserdampf in der Luft bei tiefen Temperaturen kondensieren und zu Eis gefrieren. Das tut er dann, wenn die Luft «übersättigt» ist und den Dampf nicht mehr «halten» kann. Das ist allerdings eine blumige Ausdrucksweise – tatsächlich hält nicht die Luft den Wasserdampf fest, es ist lediglich eine Frage von Druck und Temperatur. Das Wasser kondensiert, wenn die gesättigte Luft abgekühlt wird oder der Luftdruck sinkt.

Diese Schneebildung kann bei jeder Minustemperatur geschehen. Damit sich aber eine nennenswerte Menge an Schnee ergibt, muss überhaupt erst einmal genügend Wasser in Gasform vorhanden sein. Und diese Menge sinkt mit der Temperatur drastisch: Bei null Grad enthält ein Kubikmeter gesättigte Luft etwa 2,7 Gramm Wasser, bei minus 40 Grad sind es nur noch 0,07 Gramm, also etwa ein Vierzigstel der Menge am Gefrierpunkt.

Deshalb fällt bei großer Kälte sehr viel weniger Schnee als bei Temperaturen um den Gefrierpunkt. Am Südpol zum Beispiel, wo ständig eisige Kälte herrscht, fallen im Lauf eines Jahres nur ein paar Zentimeter Schnee – die Antarktis gehört zu den Wüstengebieten. Dass sie trotzdem mit einem kilometerdicken Schnee- und Eispanzer überzogen ist, liegt daran, dass bei der Kälte nichts schmilzt und der Schnee Jahrtausende überdauert. Und die Schneeschichten zeigen: Es ist nie zu kalt zum Schneien.

Fazit: Je kälter, desto weniger Schnee.

Lawinen können durch Geräusche ausgelöst werden.

Wenn es in den Bergen schneit, stapeln sich die Schneelagen übereinander wie die Schichten einer Torte. In diesen Schichten spiegelt sich in gewisser Weise das Wetter des gesamten Winters wider – locker geschichteter Pulverschnee, eine kompakte Schicht Pressschnee, angetauter und wieder gefrorener Harsch. Je mehr Schnee obendrauf fällt, umso mehr werden die unteren Lagen zusammengepresst. Dabei entstehen auch «Schwächezonen», die lawinenanfällig sind – insbesondere harte, körnige Schichten bilden eine Art «Rutschbrett», auf dem schließlich die höheren Lagen nach unten gleiten können. Wir wissen aus dem Physikunterricht, dass es mehrere Arten von Reibung gibt – unter anderem die Haft- und die Gleitreibung. Damit so ein Schneebrett ins Rutschen gerät, muss die Haftreibung überwunden werden, und die Gleitreibung ist dann viel zu klein, um die Katastrophe noch aufzuhalten.

Wenn nur noch eine kleine Zusatzkraft genügt, um die Haftreibung zu überwinden, können auch kleinste Ursachen eine verheerende Wirkung haben. Zu den möglichen Auslösern einer Lawine gehören neben Skifahrern und Schneebällen tatsächlich auch laute Geräusche. Deshalb ist es zum Beispiel gefährlich, in einem Lawinengebiet Hubschrauber zur Rettung einzusetzen. Fatal ist es auch, dass der Lärm, den eine Lawine erzeugt, zum Abgang weiterer Lawinen führen kann.

Fazit: Schall kann katastrophale Wirkungen haben.

Ein Regenbogen ist immer gleich groß.

Die Farben des Regenbogens entstehen, weil die unterschiedlichen Farben, aus denen das Sonnenlicht zusammengesetzt ist, an Wassertröpfchen unterschiedlich stark gebrochen werden – das rote Licht am wenigsten, das violette am stärksten. Der Bogen kommt zustande, wenn sich das Sonnenlicht in den Regentropfen zweimal bricht und zwischen den beiden Brechungen einmal gespiegelt wird – ein ziemlich kompliziertes optisches Phänomen, aber es ist stets dasselbe: Die Sonne steht im Rücken des Betrachters, und der Mittelpunkt des Bogens liegt exakt gegenüber auf der gedachten Himmelskugel, meist unter dem Horizont. Der Radius des Regenbogens beträgt immer 41 Grad. Wie viel von dem Bogen tatsächlich zu sehen ist, hängt vom Sonnenstand ab. Im Gebirge kann man manchmal sogar einen vollständigen Regenbogen-Kreis sehen.

Der Regenbogen hat also keine absolute Position am Himmel, sondern jeder Beobachter sieht seinen eigenen Bogen – und natürlich kann er nicht zu dem Ort laufen, wo der Bogen die Erde trifft. Und auch nicht den dort verborgenen Goldschatz finden.

Bei sehr günstigen Bedingungen kann man manchmal zusätzlich zum Hauptregenbogen noch einen Nebenregenbogen sehen. Bei dem wird das Licht im Inneren der Wassertröpfchen zweimal reflektiert, er liegt außerhalb des Hauptbogens (Radius: etwa 51 Grad) und ist erheblich lichtschwächer. Außerdem ist bei ihm die Reihenfolge der Regenbogenfarben umgekehrt.

Fazit: Der Durchmesser des Regenbogens ist immer gleich – wir sehen nur mal mehr und mal weniger von ihm.

Mittags gibt es keinen Regenbogen.

Der Regenbogen hat immer einen Radius von 41 Grad um den so genannten Sonnengegenpunkt – den meist unter dem Horizont liegenden Punkt, der der Sonne exakt gegenüber liegt (siehe S. 107). Das heißt aber auch: Sobald die Sonne höher als 41 Grad über dem Horizont liegt, können wir nicht einmal mehr ein kleines Stückchen Regenbogen sehen.

In unseren Breiten steht aber im Sommer die Mittagssonne etwa 62 Grad über dem Horizont, und damit kann es keinen Regenbogen zur Mittagsstunde geben – Regenbogen sieht man nur am Vor- oder Nachmittag. Im tiefsten Winter dagegen steigt die Sonne niemals höher als etwa 16 Grad, und theoretisch ist ein Regenbogen den ganzen Tag über möglich. Allerdings gehört zu diesem Phänomen ja auch ein wolkenloser Himmel rund um die Sonne und ein kräftiger Regen in der gegenüberliegenden Himmelsrichtung – und diese Voraussetzungen sind in der kalten Jahreszeit sehr selten erfüllt.

Fazit: Es stimmt nur für den Sommer.

Es kann auch nachts Regenbögen geben.

Zum Regenbogen gehört ein kräftiger Sonnenschein, und deshalb kann es ihn nachts nicht geben. Oder doch? Es gibt aber noch eine zweite Lichtquelle am Himmel: den Mond. Von dem gelangt 470 000-mal weniger Licht zu uns als von der Sonne, aber das reicht durchaus, um einen Regenbogen zu erzeugen. Caspar David Friedrich hat einen solchen Regenbogen 1810 auf einem Gemälde verewigt.

Weil der Mondregenbogen so lichtschwach ist, erscheint er unseren Augen meist nur als ein weißes Band am Himmel. Denn wir können bei schwachem Licht nicht sehr gut Farben unterscheiden – für uns sind schließlich nachts auch alle Katzen grau. In seiner vollen Pracht kann man den Mondregenbogen sehen, wenn man ihn mit langer Belichtungszeit fotografiert. Dann kann man feststellen: Er ist genauso groß wie der Sonnen-Bogen, und er besteht auch aus denselben Farben.

Fazit: Es gibt tatsächlich Mondregenbögen.

SONNE UND MOND

Bei Neumond schlägt das Wetter um.

Dass der Mond einen gewaltigen Einfluss auf die Erde hat, sieht man täglich an Ebbe und Flut. Wenn der Erdtrabant derart an den Wassermassen zerren kann, wird er doch auch einen Einfluss aufs Wetter haben, oder?

Abgesehen davon, dass Ebbe und Flut beim Wetter, etwa beim Luftdruck, kaum messbar sind – weil die Luftmassen weniger beeinflusst werden als die Meere –, sind das Schwankungen im Sechs-Stunden-Rhythmus. Die meisten Mondregeln beziehen sich aber auf die im monatlichen Takt wechselnden Mondphasen: Bei Neumond schlage das Wetter um, bei zunehmendem Mond sei es schön, bei abnehmendem Mond sei es regnerisch und so weiter.

Derartige Regeln lassen sich mit realen Wetterdaten nicht belegen – man muss sich nur klar machen, dass ja auf der gesamten Erde Neumond herrscht, wenn bei uns Neumond ist. Ein weltweiter Wetterumschlag ist aber nicht zu beobachten.

Es gibt ein paar vom Mond abgeleitete Regeln, in denen ein Fünkchen Wahrheit steckt – etwa, dass es in Vollmondnächten besonders kalt sei. Wenn man unter «Vollmondnacht» eine Nacht versteht, in der man den Vollmond besonders gut sehen kann, dann stimmt das einfach deshalb, weil klare Nächte im Allgemeinen kälter sind als bewölkte. Das gilt dann aber auch für eine klare Neumondnacht.

Im Übrigen sind auch andere «Wahrheiten» über die Mondphasen nachweislich falsch: Es werden bei Vollmond nicht mehr Babys geboren, es passieren nicht mehr Unfälle, und auch die Selbstmordraten sind nicht höher. Aber das ist ja eigentlich nicht der Gegenstand eines Wetterbuchs.

Fazit: Es gibt keinen nachweisbaren Einfluss der Mondphasen auf das Wetter.

Wenn man Holz bei bestimmten Mondphasen schlägt, ist es härter.

Wieso sollte Holz seine Beschaffenheit im Vierwochenrhythmus ändern? Zum Beweis dieser These werden von «Mondholz»-Befürwortern immer wieder die Ergebnisse eines Forschers der ETH Zürich zitiert, der tatsächlich behauptet, Härteunterschiede am Holz je nach Mondphase feststellen zu können.

Seine nicht sehr überzeugende Erklärung spricht von Teilchenstrahlung, die durch den Mond abgeschirmt werde. Wenn man aber getreu dem Grundsatz weiterforscht, dass außerordentliche Behauptungen auch außerordentlich gut dokumentierter Belege bedürfen, dann stößt man auf eine große Zahl von Untersuchungen mit negativem Ergebnis.

So konnte bei Tests an der Universität Freiburg, an der Technischen Universität Dresden und an verschiedenen Schweizer Instituten zu diversen Parametern des Holzes kein Unterschied zwischen Neumond- und Vollmondholz gefunden werden. Ein Autor weist in der Schweizerischen *Zeitung für Forstwesen* darauf hin, dass es zwar sehr viele «Mondregeln» für das Holzfällen gibt, dass diese aber sehr unterschiedlich sind und sich im Detail sogar widersprechen.

Pedro Gerstberger, Waldbiologe an der Universität Bayreuth, führt die Regel auf ein Missverständnis zurück: Früher habe man die Bäume vorwiegend bei «absteigendem Mond» gefällt – das ist die Winterzeit ab Januar. Und das war auch sinnvoll, weil das Holz dann nicht «im Saftfluss» steht und daher schneller trocknet. Heute wird Holz auch im Sommer geschlagen und bei Bedarf vakuumgetrocknet. Dass immer mehr Holzhändler mit dem «Mondholz» werben, bezeichnet der Biologe als «Geschäftemacherei».

Fazit: Eine Behauptung, die nicht ausreichend belegt ist!

Der Mond am Horizont erscheint größer als im Zenit.

Das Phänomen beschäftigte schon Aristoteles: Warum sieht die Mondscheibe in der Nähe des Horizonts so viel größer aus, als wenn sie hoch am Himmel steht? Manche Beobachter empfinden einen tief stehenden Mond als doppelt so groß und wollen gar nicht glauben, dass sein Abbild auf unserer Netzhaut immer gleich groß ist. Dabei ist das spätestens seit der Erfindung der Fotografie erwiesen. Ein eindrucksvoller Beweis ist auch der Blick durch eine Pappröhre auf den Horizontmond, der dadurch auf ein ganz normales Maß schrumpft.

Ganz offensichtlich spielt uns hier unser Wahrnehmungsapparat einen Streich. Eine beliebte Erklärung dafür lautet: Den Mond am Horizont vergleichen wir mit Bäumen oder Häusern, und dadurch erscheine er umso gewaltiger. Das erklärt aber nicht, wieso die Täuschung auch bei einem Mondaufgang über dem freien Meer funktioniert. Was passiert tatsächlich in unserem Kopf?

Offenbar schätzt unser Wahrnehmungsapparat die Entfernungen von Gegenständen, die sich übereinander befinden, anders ein als die von Dingen, die auf einer horizontalen Ebene liegen. Das konnte auch in Experimenten mit «künstlichen Monden» bewiesen werden. Wenn der Mond ein jeweils gleich großes rundes Scheibchen auf die Netzhaut wirft, in einem Fall aber als weiter weg liegend empfunden wird, dann schließt das Gehirn: Die Kugel ist größer.

Dem entgegen steht aber unser bewusstes Empfinden: Fast jeder, den man fragt, wird sagen, dass der groß erscheinende Mond am Horizont «zum Greifen nah» ist und der Mond im Zenit viel weiter entrückt scheint. Offenbar klafft ein Widerspruch zwischen der Wahrnehmung des Gehirns (Horizontmond ist weiter entfernt) und unserem bewussten Empfinden (Horizontmond ist zum Greifen nah). Wieso das so ist, dafür gibt es noch keine befriedigende Erklärung.

Fazit: Ein mysteriöser Fall von Wahrnehmungstäuschung.

Man wird auch im Schatten braun.

Die Antwort ist in etwa dieselbe wie auf die Frage: Stimmt es, dass man auch im Schatten etwas sehen kann? Auf dem Mond ist es im Schatten tatsächlich pechschwarz, weil der keine Atmosphäre hat. Bei uns auf der Erde streut die Luftschicht das Licht, sodass ein Teil auch dahin kommt, wo die Sonne nicht direkt hinscheint. Über 60 Prozent der Sonnenstrahlen, die uns treffen, sind so genannte diffuse Strahlung – das heißt, sie wurden auf dem Weg von der Sonne zu uns mindestens einmal irgendwo reflektiert.

Das gilt nicht nur für das sichtbare Licht, sondern auch für die ultravioletten Strahlen, die für die Bräunung verantwortlich sind. Ein paar Besonderheiten gibt es: So lassen manche undurchsichtigen Textilien UV-Strahlen durch, und umgekehrt blocken manche Glassorten das UV-Licht fast völlig ab.

Wie viel bräunende Strahlen man im Schatten nun wirklich abbekommt, kann leider nicht so pauschal gesagt werden, erklärt Rüdiger Matthes vom Bundesamt für Strahlenschutz. Das kommt nämlich ganz auf die Umgebung an – Sand und Wasser reflektieren die Strahlen sehr gut, sodass am Strand der Wert sehr hoch sein kann. Man kann davon ausgehen, dass dort im Schatten 25 bis 50 Prozent der Strahlung an den Körper gelangen, die man in der Sonne direkt abbekäme. Der Schatten hat dort also ungefähr denselben Sonnenschutzfaktor wie eine Creme mit dem Faktor zwei bis vier. Man wird braun, aber die Haut wird nicht so sehr in Mitleidenschaft gezogen.

Fazit: Das «Sonnenbad im Schatten» ist gesünder als das Braten in der prallen Sonne!

Ein «Sonnenhof» kündet von schlechtem Wetter.

Ein «Hof» um die Sonne (oder auch um den Mond) ist ein so genannter Halo-Effekt. Der Ring um die Sonne ist innen meist rötlich-braun und außen weiß. Er entsteht ähnlich wie ein Regenbogen (siehe Seite 107) dadurch, dass das Sonnenlicht gebrochen wird. In diesem Fall nicht an Wassertröpfchen, sondern an sechseckigen Eiskristall-Prismen. Auch hier handelt es sich um eine doppelte Lichtbrechung im Kristall, insgesamt macht die Ablenkung etwa 22 Grad aus. Und wie beim Regenbogen werden auch hier die Spektralfarben unterschiedlich stark gebrochen. Weil aber die Eiskristalle nicht so regelmäßig geformt sind wie Wassertropfen und die Brechung auch von ihrer Lage im Raum abhängt, gibt es kein sauberes Farbenband, sondern nur ein etwas «verschmiertes» Farbspektrum.

Ein Sonnenhof kündet also von dünnen Eiswolken in großer Höhe. Die sind aber tatsächlich typischerweise Vorboten eines Tiefdruckgebiets. Wenn der Wind von Westen kommt, dann kann man, zumindest in unseren Breiten, davon ausgehen, dass sich in den nächsten ein bis zwei Tagen kräftige Wolken nähern und uns Regen bringen werden.

Fazit: «Halos» sind tatsächlich Schlechtwetterboten.

LUFT, WIND UND WOLKEN

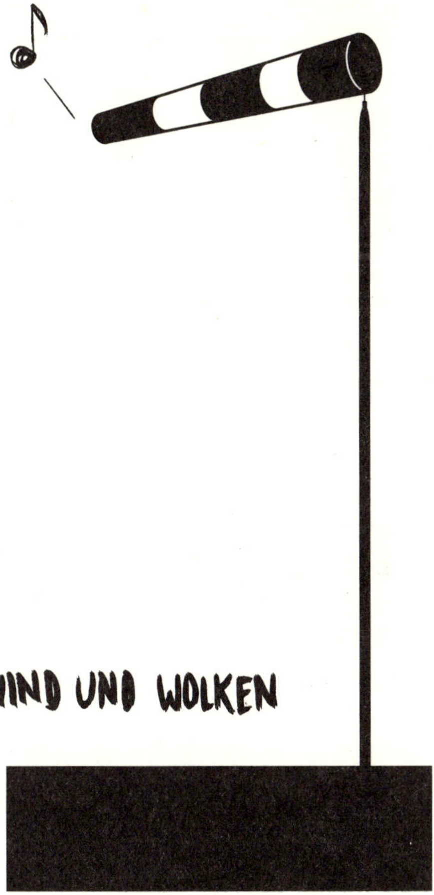

Föhn kündigt schlechtes Wetter an.

Um die Frage zu beantworten, müssen wir erst einmal klären, was man überhaupt unter Föhn versteht. Das Phänomen ist ziemlich kompliziert, und wir können es hier nur schematisch darstellen.

Der Föhn ist ein warmer Fallwind. Er verhält sich wie Wasser, das durch einen Damm gestaut wird. Läuft dieser Stausee über, so strömt das Wasser auf der anderen Seite ins Tal hinab. Das Gleiche tut die Luft. Wenn beispielsweise in Bayern Föhn weht, wird die Luft südlich des Alpenhauptkammes aufgehalten und stürzt dann ins bayerische Alpenvorland. Dabei wird die Luft komprimiert und um 1 Grad pro 100 Meter erwärmt. Auf der Alpensüdseite nimmt die Temperatur mit der Höhe aber nur um zirka 0,6 bis 0,7 Grad pro 100 Meter ab. Daher sind die Temperaturen im Norden, dort, wo die Föhnluft durch das Absinken erwärmt wird, höher als im Süden.

Eine Föhnströmung wird im Prinzip durch Druckunterschiede angetrieben. Der Wind weht vom hohen zum tiefen Druck. Bei Föhn im bayerischen Alpenvorland herrscht somit im Süden höherer Druck als im Norden. Der höhere Druck im Süden hat zwei Ursachen: Erstens wird die Luft an den Alpen gestaut und der Druck dadurch erhöht; zweitens liegt bei Föhn meist eine kältere Luftmasse auf der Alpensüdseite, und je kälter die Luftmasse, desto höher der Druck. Der tiefere Druck im Norden wird häufig durch Zufuhr wärmerer Luftmassen zusätzlich erniedrigt. Weil die Atmosphäre stets versucht, Druckunterschiede auszugleichen, weht in diesem Fall der Wind von Süd nach Nord. Je größer die Druckunterschiede sind, desto stärker weht der Wind.

Föhn bedeutet also erst einmal warmes Wetter. Wie kommt es zu der Annahme, dass der Föhn schlechtes Wetter ankündigt? Generell für jeden Föhn ist sie sicherlich unsinnig. Betrachten wir die Aussage für den bayrischen Föhn: Dort sind grundsätzlich zwei Wetterlagen denkbar, die ihn herbeiführen. Erstens: Im Osten, beispielsweise über Ungarn, liegt ein Hoch, das an seiner Westflanke Luft von Süden über die Alpen schickt. Es gäbe also Föhn, aber gutes Wetter. Zweitens: Von Westen nähert sich ein Tief, das an seiner Ostseite warme Luft aus dem Mittelmeerraum ansaugt und über die Alpen sendet. Auch hier gibt es zunächst den warmen, trockenen Föhn, der dann aber recht bald und abrupt von dem Tief abgelöst wird. In diesem Fall stimmt die Regel tatsächlich.

Fazit: Man kann allenfalls sagen, dass die Regel meistens stimmt.

Föhn gibt es nur in den Alpen.

Föhn kann überall entstehen, wo ein Hindernis wie die Alpen überströmt werden muss. Auch die Rocky Mountains sind bekannt für Föhn. Weil dort der Höhenunterschied zwischen Gebirge und dem Vorland im Osten sehr groß ist, sind die Winde häufig besonders stark. Doch das Hindernis muss nicht unbedingt ein Gebirge sein, oft reicht auch schon ein Hügel von ein paar hundert Metern. Anbei ein kleines (sicherlich unvollständiges) internationales Föhn-Lexikon:

Afghanez – Afghanistan
Aperwind – Schweiz
Aspre – Frankreich
Autan – französisches Pyrenäenvorland
Bergwind – Südafrika
Bohorok – Ostsumatra
Bora – Kroatien
Canterbury Northwester – Neuseeland
Chanduy – Mexiko
Chergui – Marokko
Chili – Tunesien
Chinook – USA
Diablo – USA
Fogony – Spanien
Ghibli – Libyen
Halny wiatr – Polen
Jaukwind – Österreich
Laoswind – Südostasien

Puelche – Chile
Santa Ana – USA
Sarat – Marokko
Tedesco – Norditalien
Tehuantepecers – Mittelamerika
Zonda – Argentinien

In Europa gibt es Tornados.

Im März 2006 gingen die Bilder durch die Presse: In Hamburg hatten gleich mehrere Tornados Verwüstungen angerichtet, unter anderem stürzten sie Baukräne um, zwei Menschen kamen ums Leben. Durch umfallende Hochspannungsmasten kam es außerdem zu Stromausfällen.

So etwas liest man in Deutschland nicht oft. Dabei sind diese lokalen Wirbelstürme gar kein so seltenes Phänomen. Es gibt sogar ein «Kompetenzzentrum für lokale Unwetter», das diese Ereignisse akribisch registriert – mehr als zehn in einem durchschnittlichen Beobachtungsjahr. Mit der «tornado alley» im Mittleren Westen der USA können wir aber noch lange nicht mithalten.

Tornados entstehen, wenn kalte und warme Luftmassen auf relativ engem Raum aufeinander treffen und sich zusätzlich noch in unterschiedliche Richtungen bewegen. Dann entstehen Wirbel, die zwar kleinräumig sind (maximal 500 Meter Durchmesser), in denen aber Windgeschwindigkeiten von bis zu 500 Kilometern pro Stunde herrschen können.

Fazit: Auch bei uns gibt es Wirbelstürme.

Im Auge eines Hurrikans ist es windstill.

Jede Drehbewegung hat eine Drehachse, und theoretisch steht in diesem Rotationszentrum alles still. Aber das ist graue Theorie – die rotierenden Luftmassen eines Hurrikans sind ja keine starre Scheibe, und auch im Inneren weht immer ein Lüftchen.

Hurrikans, die Wirbelstürme, die von der Karibik nach Nordamerika ziehen, bringen Windgeschwindigkeiten von bis zu 300 Stundenkilometern. Das Auge im Inneren misst etwa 30 Kilometer im Durchmesser, und es ist ein klar abgegrenztes Gebiet: An seinem Rand fällt die Windgeschwindigkeit steil ab, auf etwa 10 bis 30 Kilometer pro Stunde, und auch auf Satellitenfotos ist das Auge als klar abgegrenzter, runder, wolkenfreier Fleck zu sehen.

Wenn man sich auf dem Meer befindet, ist diese Zone trotzdem kein angenehmer Aufenthaltsort: Im Zentrum des Hurrikans laufen nämlich Wellen aus allen Richtungen zusammen, und es entsteht die unruhige Kreuzsee, die mit ihren mehrere Meter hohen Wellen sogar großen Schiffen gefährlich werden kann.

Was die Amerikaner Hurrikan nennen, heißt in Japan Taifun. Die Wirbelstürme entstehen über warmen tropischen Gewässern, jedoch nicht unmittelbar am Äquator. Dabei muss sich zunächst eine wellenförmige Störung im Strömungsfeld ergeben. Im hinteren Teil bilden sich häufig regelrechte Cluster von Gewitterzellen, die zu rotieren beginnen und sich weiter verstärken, da sie ständig weiter mit Energie versorgt werden: Das verdunstende Wasser kondensiert wieder zu Wasserdampf, dabei wird Wärmeenergie frei.

Fazit: Ein Lüftchen weht auch im Zentrum des Orkans.

Auf starken Wind folgt Regen.

Wind ist nichts anderes als der Ausgleich von Druckunterschieden in der Atmosphäre – Luftmassen strömen vom hohen zum niedrigen Druckgebiet. Starker Wind entsteht immer dann, wenn die Linien gleichen Luftdrucks, die Isobaren, auf der Wetterkarte dicht gedrängt beisammenliegen. Das bedeutet: Auf relativ kleinem Raum gibt es ein starkes Gefälle des Luftdrucks.

Über den Niederschlag sagt das aber noch nichts aus. Auch bei Hochdruckwetter kann starker Wind wehen. Bei gleichem Isobarenabstand bläst der Wind im Hoch sogar erheblich stärker als im Tief (das hat mit der Corioliskraft zu tun, siehe Seite 151).

Fazit: Auf starken Wind folgt nicht immer Regen.

«Luftveränderung» ist gesund.

Jede Region hat ihre typische «Luft», wenn man darunter einmal die gesamten klimatischen Bedingungen zusammenfasst. Natürlich ist nicht jede Art der Veränderung gleich gesund (sofern man von möglichen psychischen Wirkungen einer Ortsveränderung einmal absieht). Wenn ein Alpenbewohner zur Luftveränderung in ein Industriegebiet fahren würde, wäre das seiner Gesundheit nicht unbedingt zuträglich.

Ist von Luftveränderung die Rede, dann spricht man eher von den Orten, wo ein so genanntes Reizklima herrscht – die Bäder an der See und in den Bergen. Unter diesem etwas unscharfen Begriff fasst man einige Eigenschaften des örtlichen Klimas zusammen: hohe Temperaturschwankungen, ein kräftiger Wind, höhere UV-Strahlung. Diese Reize stimulieren das Immunsystem. Am Meer kommt dazu noch die salzhaltige Luft – so genannte Brandungsaerosole gelangen von der aufgepeitschten See in die Atmosphäre. Die Spurenelemente in diesen Tröpfchen reizen insbesondere das Immunsystem von Haut und Atemwegen. Allergiker sollten eher ins Hochgebirge fahren, weil mit der Höhe die Zahl der allergieerzeugenden Pollen abnimmt.

Luft ist also tatsächlich nicht gleich Luft, und für jedes Leiden geben die Ärzte spezielle Empfehlungen. Wobei die psychosomatischen Wirkungen einer Kur am Meer oder in den Bergen tatsächlich nicht zu unterschätzen sind.

Fazit: Kein Gerede, stimmt tatsächlich.

Wald- und Meeresluft ist sauerstoffreicher als Stadtluft.

Unsere Atmosphäre besteht zum größten Teil aus Stickstoff – 78,1 Prozent Anteil an der Luft hat dieses Gas, das uns beim Atmen nicht viel nützt. Der lebenswichtige Sauerstoff macht nur 20,9 Prozent aus, die anderen Gase, auch das «Treibhausgas» Kohlendioxid, haben einen Anteil von unter einem Prozent.

Die Verteilung der Hauptbestandteile ist im Wesentlichen überall auf dem Globus die gleiche – ob in der Stadt, auf dem Land, am Meer oder sogar in geschlossenen Räumen. Unterschiedlich ist hingegen die Verteilung der Schadstoffe, deren Anteil nur Promille oder noch weniger beträgt. Wenn zum Beispiel Menschen im Zimmer über verbrauchte Luft klagen, dann liegt die Ursache nicht in einem wesentlich niedrigeren Sauerstoffgehalt – der Anteil des Spurengases Kohlendioxid hat sich erhöht, und das merkt unser Körper sofort.

Auch im Wald ist die Zusammensetzung der Luft nicht grundsätzlich anders. Zwar produzieren die Pflanzen tagsüber viel Sauerstoff, aber gleichzeitig verbrauchen die bakteriellen Zersetzungsprozesse im Waldboden auch wieder viel von diesem Gas. Außerdem werden Unterschiede durch den Austausch der Luft wieder ausgeglichen. Am Meer gibt es überhaupt keine Prozesse, die für erhöhten Sauerstoff sorgen könnten.

Früher dachte man, das aus drei Sauerstoffmolekülen bestehende Ozon sei der Gesundheitsfaktor der Waldluft. Heute wissen wir, dass Ozon überhaupt nicht die Gesundheit fördert, im Gegenteil – es gilt als giftiger Schadstoff, wir schätzen es allenfalls in den hohen Atmosphärenschichten, wo es als Schutzschild gegen UV-Strahlen wirkt.

Allerdings enthält die Luft in der freien Natur mehr Sauerstoff-Ionen als die in der Stadt. Diese negativ geladenen Teilchen entstehen vor allem durch das ultraviolette Licht der Sonne, und sie sind chemisch sehr aktiv. Deshalb binden sie Schadstoffe in der Luft, und sie erleichtern die Aufnahme von Sauerstoff ins Blut. Die Hersteller von Luft-Ionisatoren versprechen, der normalen Raumluft die Qualität von See- und Waldluft zu verleihen.

Fazit: Die Sauerstoffmenge ist's nicht!

Eine Wolke ist schwerer als ein Jumbo-Jet.

Was ist das Gewicht einer Wolke? Da sie in der Luft schwebt, würde eine Waage nicht ausschlagen, wenn man eine Wolke drauflegen würde. Allerdings hält sich ja auch ein fliegender Jumbo-Jet durch Auftrieb in der Luft – also wiegen beide unter diesen Umständen nichts.

Fragen wir besser nicht nach dem *Gewicht*, sondern nach der *Masse* von Wolke und Flugzeug. Beim Jumbo ist die Frage leicht zu beantworten: Dessen Masse schwankt mit der Beladung, das maximale Startgewicht (und damit die maximale Startmasse) beträgt 400 Tonnen.

Wie ist nun die Masse einer Wolke? Da sie in der Luft schwebt, entspricht ihre Dichte auch der der Luft. Die schwankt je nach Wetterlage und Höhe über dem Erdboden, der Einfachheit halber können wir annehmen, dass ein Kubikmeter Luft eine Masse von einem Kilogramm hat. Dann muss eine Wolke 400 000 Kubikmeter Volumen haben, um einen Jumbo-Jet aufzuwiegen. Dieses Volumen hat aber schon ein Wölkchen von 200 Metern Länge, 100 Metern Breite und 20 Metern Höhe.

«Moment!», wird jetzt mancher einwenden, «eine Wolke besteht aus Eispartikeln oder Tröpfchen, die in der Luft schweben. Dieses Wasser ist es, was mit der Masse der Wolke gemeint ist, und nicht das Wasser samt der umgebenden Luft!»

Wie viel Wasser enthält ein Kubikmeter Wolke? Auch das schwankt von Wolke zu Wolke und nimmt mit steigender Höhe ab. Nehmen wir einmal einen Durchschnitt von 5 Gramm pro Kubikmeter an – dann muss eine Wolke 80 Millionen Kubikmeter haben, um den Jumbo aufzuwiegen. Aber auch dieses

Volumen ist schon mit einer Wolke von 400 mal 500 mal 500 Metern erreicht. Nicht gerade eine Riesenwolke.

Fazit: Große Wolken haben viel mehr Masse als jedes Flugzeug.

Je nach Windrichtung werden Geräusche mehr oder weniger weit getragen.

Wenn eine Blaskapelle, etwa auf einem Schützenfest, mit «Rückenwind» spielt, wird ihre Musik manchmal kilometerweit getragen.

Aber wie schafft es eine Luftströmung, die sich mit wenigen Metern pro Sekunde bewegt, Schallwellen zu «tragen», deren Geschwindigkeit 330 Meter pro Sekunde beträgt? Daran, dass sich der Schall ein kleines bisschen schneller ausbreitet, kann es nicht liegen.

Es hat etwas mit Brechung zu tun. Denn nicht nur Lichtwellen, auch Schallwellen können gebrochen werden. Normalerweise breitet sich der Schall von seiner Quelle aus geradlinig und kugelförmig aus.

Bei Wind ändert sich das aber. Es liegt daran, dass die Windgeschwindigkeit in den unterschiedlichen Luftschichten nicht konstant ist, meist nimmt sie vom Boden aus nach oben hin zu. Das bedeutet, dass der Schall bei Rückenwind in der Höhe einen zusätzlichen Schub bekommt. Die Folge: Die Schallwellen werden gebrochen und ändern ihre Richtung – wie Lichtstrahlen, die in ein anderes Medium mit höherer optischer Dichte eintreten.

Der Rückenwind lenkt nun in der Höhe Wellen, die den Zuhörer sonst nicht erreichen würden, zum Boden hin ab – sie können auf diese Weise sogar Hindernisse wie Mauern oder Häuser überwinden. Die entfernte Blaskapelle klingt sehr laut.

Spielt sie allerdings gegen den Wind, werden die Schallwellen vom Boden weggebrochen und quasi in den Himmel geschickt. Der Schallpegel sinkt, es kann sogar ein «Schallschatten» entstehen, in dem praktisch nichts von der Musik zu hören ist, obwohl zwischen der Kapelle und dem Zuhörer kein Hindernis steht.

Fazit: Rückenwind «trägt» den Schall.

WETTER UND GEOGRAPHIE

Ein Schmetterling am Amazonas kann bei uns einen Sturm auslösen.

Der Begriff «Schmetterlingseffekt» wurde 1963 von dem Meteorologen Edward Lorenz geprägt. Der stellte nämlich fest, dass in einer damals noch sehr einfachen Wettersimulation das Geschehen einen völlig anderen Verlauf nahm, wenn man die Ausgangsbedingungen auch nur ein winziges bisschen veränderte. Um eine möglichst winzige Veränderung im realen Wettergeschehen zu benennen, wählte er den Flügelschlag einer Möwe als Beispiel. Das war die Geburtsstunde der so genannten Chaostheorie. Später bürgerte sich dann der Schmetterling als Vergleich ein – vielleicht auch deshalb, weil die mathematische Struktur, die das Chaos beschreibt, ein so genannter Attraktor, entfernt an einen Schmetterling erinnert.

Inzwischen sind die Wettersimulationen erheblich komplexer – aber dass das Wetter ein chaotisches System ist, bestätigt sich immer wieder. In Simulationen und Prognosen gehen wir immer nur von einzelnen Daten an endlich vielen Punkten auf der Erde aus – und mit denen ist das Wetter nicht mehr als rund fünf Tage im Voraus zu bestimmen. Die kleinste Abweichung beim Ausgangszustand potenziert sich, je weiter man in die Zukunft rechnet, was eine große Auswirkung auf das Vorhersageergebnis hat. Und das Vertrackte bei Chaoseffekten ist, dass man für eine Verdoppelung der Vorhersagezeit nicht die doppelte Anzahl von Messpunkten braucht, sondern ein Vielfaches. So wird geschätzt, dass man für eine Vorhersage von elf Tagen statt 1000 schon etwa 100 Millionen Messpunkte auf dem Globus bräuchte.

Man sollte trotzdem den Schmetterlingseffekt als eine Metapher sehen und nicht allzu wörtlich nehmen. Kein Meteorologe könnte eine Kausalkette angeben, wie der Effekt des einzelnen Flügelschlags sich so vergrößert, dass er tatsächlich einen Sturm auslöst – noch dazu mehrere tausend Kilometer entfernt. Brendan McWilliams vom irischen Wetterdienst drückte seine Skepsis so aus: «Ein Schmetterling wird mehr vom Wetter beeinflusst als das Wetter von einem Schmetterling!»

Fazit: Nicht zu wörtlich nehmen!

Große Wasserwege sind «Wetterscheiden».

Viele Menschen glauben, dass Gewitterwolken und andere Wetterformationen von dem Bach oder Fluss in ihrem Dorf beeinflusst werden. Man muss sich das nur einmal plastisch vorstellen: Da zieht eine riesige Wolke in drei Kilometer Höhe übers Land und bleibt ehrfürchtig stehen, nur weil sie am Boden ein Rinnsal erspäht hat. Wie soll sie das bemerken? Nein, die Einflüsse kleiner Gewässer – und dazu gehören auch die größeren Flüsse – auf die Bewegungen großer Wettergeschehen sind nicht nachweisbar.

Anders ist es natürlich mit Bergen. Die sind sehr wohl in der Lage, Luftmassen in einem bestimmten Umfang umzulenken und somit das Wettergeschehen in einer Region zu verändern. Ein sehr markantes Beispiel hierfür ist die Bildung der Genuazyklone, die letztlich für das Elbe-Hochwasser 2002 verantwortlich war. Kalte, von Norden kommende Luftmassen wurden durch die Alpen abgelenkt, strömten westlich an ihnen vorbei und mischten sich über dem Golf von Genua mit der dort lagernden feuchten und heißen Mittelmeerluft. Es bildete sich ein Tiefdruckgebiet, das auf seinem Weg nach Osten im Einzugsgebiet der Elbe kräftige und anhaltende Niederschläge brachte. Ein anderes Beispiel ist der 1000 Meter aus dem Rheintal aufragende Nordschwarzwald. Westlich seines Kamms ist die Regenmenge oft dreimal so groß wie östlich.

Auch Städte können das Wettergeschehen beeinflussen – etwa die Stadt Berlin, die so viel Wärme abstrahlt, dass sie durchaus Gewitter verstärken kann.

Fazit: Flüsse haben keinen Einfluss auf den Zug der Wolken.

In Äquatornähe wird es nach dem Sonnenuntergang schlagartig dunkel.

Richtig ist, dass die Dämmerung in Äquatornähe kürzer ist als in den gemäßigten Breiten. Es kann jedoch bei weitem nicht davon die Rede sein, dass es dort «schlagartig» dunkel wird – die Dämmerung ist immerhin noch etwa zwei Drittel mal so lang wie im Frühling in unseren Breiten. Auch dämmert es am Äquator nicht deshalb rascher, weil sich dort die Erde schneller dreht, wie so oft zu lesen ist.

Als «bürgerliche Dämmerung» bezeichnen die Astronomen die Zeit zwischen Sonnenuntergang (der Mittelpunkt der Sonnenscheibe liegt genau auf dem Horizont) und dem Zeitpunkt, an dem sich die Sonne sechs Grad unter dem Horizont befindet – ungefähr so lange kann der Bürger noch ohne Hilfsbeleuchtung Zeitung lesen. Diese bürgerliche Dämmerung wird gefolgt von der nautischen (Sonne zwischen sechs und zwölf Grad unter dem Horizont, Sterne sind sichtbar) und der astronomischen (zwischen zwölf und achtzehn Grad). Am Äquator geht die Sonne immer senkrecht unter, bei uns bildet die scheinbare Sonnenbahn stets denselben Winkel von etwa 40 Grad mit dem Horizont. Bei dieser flachen Bahn dauert es länger, bis die Sonne den entsprechenden Abstand gewonnen hat. Je nach Jahreszeit beträgt die bürgerliche Dämmerungszeit bei uns zwischen 32 und 45 Minuten. Am Äquator schwankt sie zwischen 21 und 23 Minuten.

Richtig lang wird die Dämmerung, wenn man sich den Polen nähert. In den berühmten «weißen Nächten» in St. Petersburg, in denen es gar nicht richtig finster wird, dämmert es mehr als eineinhalb Stunden lang. Am Nord- und Südpol schließlich ist jeweils ein halbes Jahr lang Tag und Nacht, und die Dämmerung dazwischen dauert etwa eine Woche.

Fazit: Von «schlagartig» kann keine Rede sein!

In Hamburg gibt es mehr Regentage als in München.

Das Vorurteil von Hamburg als «Regenloch» ist nicht totzukriegen – in Wirklichkeit geht der Nord-Süd-Vergleich unentschieden aus. Das jedenfalls sagen die Zahlen des Deutschen Wetterdienstes: Als Regentage zählen Tage, an denen mindestens ein Millimeter Regen fällt. Im langjährigen Mittel haben die beiden Metropolen im Süden und im Norden Deutschlands genau gleich viele Regentage, nämlich 133.

«Jaaa», werden jetzt die Münchner sagen, «aber in Hamburg fällt an diesen Regentagen sicherlich viel mehr Wasser vom Himmel als bei uns.» Auch das stimmt nicht. In München regnet es tatsächlich sogar mehr als in Hamburg: 966,7 Liter pro Jahr und Quadratmeter gegenüber 770,3 Litern.

Aber auch das ist noch nicht die ganze Wahrheit. Der viele Regen in München geht vor allem auf das Konto von heftigen sommerlichen Gewitterschauern. Mit anderen Worten: Es regnet zwar mehr, aber das in kürzerer Zeit. Dass die Regenstatistik nicht das komplette Bild widerspiegelt und das subjektive Urteil, das Münchner Wetter sei besser, treffend ist, zeigt sich bei einem Blick auf die Sonnenscheindauer: Die beträgt nämlich in München jährlich 1709 Stunden, in Hamburg dagegen nur 1557 Stunden.

Fazit: München ist nasser, aber auch sonniger.

Fata Morganen gibt es nur in der Wüste.

Die klassische Fata Morgana ist wohl die, bei der einem verdurstenden Wanderer in der Wüste eine Oase mit Palmen und einem kühlen See vorgegaukelt wird. So etwas erleben wir in unseren Breiten selten, aber Luftspiegelungen gibt es bei uns auch.

Sie entstehen, wenn zwei Luftschichten unterschiedlicher Temperatur aufeinander liegen und dazwischen eine ziemlich scharfe Trennung besteht, die so genannte Sprungschicht. Das ist zum Beispiel im Sommer der Fall, wenn sich der dunkle Asphalt der Straße aufheizt und am Boden eine etwa einen Meter hohe heiße Luftschicht entsteht.

Dann werden Lichtstrahlen, die aus der kälteren Schicht kommen, an der Sprungschicht gespiegelt – wir sehen den Himmel, aber manchmal auch Menschen und Autos, die auf dem Kopf stehen.

Es gibt aber auch noch ein zweites Phänomen, bei dem keine Kopf stehenden Bilder produziert werden. Wenn die Lichtstrahlen nicht gespiegelt, sondern nur gebrochen, also in ihrer Richtung abgelenkt werden, dann können wir manchmal Dinge sehen, die eigentlich hinter dem Horizont liegen – die Strahlen gehen sozusagen um die Krümmung der Erde herum. Seefahrer kennen das Phänomen als «Seegesicht». Oft sieht man dabei auch ein doppeltes Bild etwa von einem Schiff – eines richtig herum und eines gespiegelt.

Um auf den Wanderer in der Wüste zurückzukommen: Das trügerische Bild von Palmen, die am Wasser stehen, wird erzeugt, wenn sich die beiden Phänomene überlagern. Das «Wasser» ist eine Spiegelung des Himmels, und die Palmen befinden sich hinter dem Horizont, also viel weiter weg, als der arme Wanderer denkt.

Fazit: Luftspiegelungen gibt es überall auf der Welt.

Am Äquator ist es am wärmsten und an den Polen am kältesten.

Zunächst einmal: Am Äquator scheint die Sonne nicht mehr als anderswo. Überall ist die Hälfte des Jahres Tag und die andere Hälfte Nacht. Der wichtige Unterschied zwischen der Äquatorregion und den anderen Gebieten der Erde ist der Winkel, unter dem die Sonnenstrahlen eintreffen – der ist dort generell steiler, an zwei Tagen im Jahr scheint die Sonne mittags sogar direkt von oben. In nördlichen Breiten, etwa bei uns, kommt die Sonne nie über einen bestimmten Winkel hinaus. Und je steiler der Winkel ist, umso wirksamer sind die Sonnenstrahlen, weil sie einen kürzeren Weg durch die Atmosphäre zurücklegen müssen.

Wie heiß oder wie kalt es wird, hängt aber noch von anderen Faktoren ab. Die heißesten Gebiete liegen in den großen Wüsten nördlich und südlich der Wendekreise, wo ein beständiges Hochdruckwetter praktisch das ganze Jahr für blauen Himmel sorgt. In den Tropen dagegen gibt es viele Wolken und Niederschläge, auch das senkt die Temperatur. Die höchste Temperatur, die je gemessen wurde: 58 Grad am 13. September 1922 im libyschen Al-Aziziyah – die höchsten Äquator-Temperaturen liegen 20 Grad darunter. Unter dem «thermischen Äquator» versteht man eine Linie, die die jeweils heißesten Punkte der Erde verbindet – und der liegt im Mittel 1000 Kilometer nördlich des geographischen Äquators.

Auch die «Kältepole» der Erde sind nicht identisch mit den geographischen. Die kälteste Temperatur wurde im Juli 1983 mit minus 91,5 Grad in Wostok in der Antarktis gemessen, 1100 Kilometer vom Südpol entfernt. Auf der Nordhalbkugel war es am kältesten im sibirischen Oimjakon: minus 71,1 Grad im Februar 1964. Am Nordpol selber ist es wärmer als am Südpol, weil er auf dem Meer liegt und sein Eispanzer vom darunter liegenden Wasser gewärmt wird, während die Antarktis ein Kontinent (genannt Antarktika) ist.

Fazit: Die extremsten Temperaturen werden woanders gemessen.

Der tropische Regenwald ist die «grüne Lunge der Erde».

Mit dem Bild von der «grünen Lunge» ist gemeint, dass der Regenwald mehr Sauerstoff abgibt, als er «verbraucht» (das heißt im Wesentlichen: in Kohlendioxid umsetzt). Tatsächlich aber gibt das Amazonasbecken, das größte Regenwaldgebiet der Erde, in manchen Jahren mehr Kohlendioxid ab, als es aufnimmt. Das ergaben jedenfalls Modellrechnungen von Klimaforschern des Max-Planck-Instituts für Biogeochemie in Jena, denn konkret messbar ist die Kohlenstoff- und Sauerstoffbilanz eines so riesigen Gebiets natürlich nicht. In den so genannten El-Niño-Jahren, in denen im Regenwald weniger Niederschlag fällt, ist die CO_2-Bilanz positiv, es geht also mehr raus als rein.

Ein Regenwald ist ein fast geschlossenes Ökosystem. Zwar spalten die Grünpflanzen CO_2 in Sauerstoff und Kohlenstoff auf, aber irgendwann sterben die Pflanzen ab, sinken zu Boden und werden dort von Bakterien zersetzt – und diese Bakterien verbrauchen Sauerstoff und stoßen CO_2 oder Methan aus. Damit sich ein nennenswerter positiver Sauerstoff-Effekt ergäbe, müsste irgendwo Kohlenstoff aus dem Kreislauf herausgenommen und gespeichert werden, etwa in Form von Humus, wie es in unseren Wälder passiert. Das ist aber im Regenwald kaum der Fall, die Humusschicht ist dünn.

Aber dass die Bilanz einigermaßen ausgeglichen ist, bedeutet nicht, dass man nun sorglos weiter Regenwaldflächen roden könnte. Denn jede neue Rodung verschlechtert die Bilanz gleich auf doppelte Weise: Die Verbrennung der Bäume bläst eine Kohlenstoffmenge in die Luft, die erst in etwa 100 Jahren wieder angesammelt wird. Zudem sind die gerodeten Flächen aufgrund der veränderten Flora und Fauna für lange Zeit eine Quelle von CO_2.

Fazit: Der Regenwald schützt uns nicht vor der globalen Erwärmung.

Auf der Südhalbkugel rotieren Hoch- und Tiefdruckgebiete andersherum als auf der Nordhalbkugel.

Hintergrund dieses Phänomens ist die sagenumwobene Corioliskraft. Sagenumwoben deshalb, weil sie auch für Dinge verantwortlich gemacht wird, mit denen sie nichts zu tun hat – etwa für die Drehrichtung des Badewannenstrudels.

Puristen bestehen auch darauf, dass man von Corioliseffekt spricht und nicht von Corioliskraft – denn eigentlich ist die zu beobachtende Ablenkung nicht auf eine zusätzliche Kraft zurückzuführen, sondern ein Beobachtungseffekt, dem wir unterliegen, weil wir uns mit der Erde mitdrehen.

Ein Gegenstand, der sich fest am Äquator der Erde befindet, dreht sich, von außen gesehen, mit einer Geschwindigkeit von 1667 Kilometern pro Stunde von West nach Ost. Je weiter man nach Norden kommt, umso langsamer rotieren die Punkte auf der Erdoberfläche. Eine Masse, die sich vom Äquator nach Norden bewegt, ist nun bestrebt, ihr höheres Drehmoment beizubehalten – deshalb wird sie nach rechts abgelenkt, nach Osten. Umgekehrt: Eine Masse, die sich von Norden auf den Äquator zubewegt, «wehrt sich» gegen das zunehmende Rotationstempo und weicht nach Westen aus – aber auch nach rechts.

Tiefdruckgebiete zeichnen sich dadurch aus, dass ständig Luftmassen in sie hineinströmen. Und weil sie sich über Hunderte oder Tausende von Kilometern ausdehnen, wird für diese Luftmassen der Corioliseffekt spürbar – sie erfahren auf der Nordhalbkugel eine Ablenkung nach rechts, die Folge ist eine Rotation des gesamten Tiefdruckwirbels gegen den Uhrzeigersinn. Besonders gut kann man das auf Satellitenbildern von tropischen Wirbelstürmen sehen, die ja nichts weiter sind als extreme Tiefdruckgebiete.

Aus einem Hochdruckgebiet strömt am Boden Luft nach außen. Auch diese Luft wird – auf der Nordhalbkugel – nach rechts abgelenkt, die Folge ist eine Drehung im Uhrzeigersinn. Auf der südlichen Halbkugel gelten die gleichen Gesetze, nur mit umgekehrtem Vorzeichen.

Fazit: Einer der wenigen Fälle, wo die Wirkung der Corioliskraft spürbar wird.

Am Südpol ist es wärmer als am Nordpol.

Wir Nordhalbkugelbewohner verbinden «Süden» immer mit Wärme – für die Menschen auf der südlichen Hemisphäre ist es genau umgekehrt. Für die Pole sagt das natürlich überhaupt nichts aus. Geht man von der Sonneneinstrahlung aus, so bekommen Nord- und Südpol im Lauf des Jahres ziemlich genau gleich viel ab.

Trotzdem gibt es Temperaturunterschiede, und es ist tatsächlich in der Antarktis, also um den Südpol herum, kälter als in der Arktis. Dafür gibt es mehrere Gründe.

Zunächst einmal ist es auf der Nordhalbkugel generell wärmer als auf der Südhemisphäre (die Durchschnittstemperatur beträgt übers Jahr gemittelt 15,2 gegenüber 13,3 Grad). Das liegt daran, dass vor allem in den Subtropen auf der Nordhalbkugel mehr Landmassen liegen, die sich stärker und schneller erwärmen als Wasser.

Zweitens sorgen auf der Südhalbkugel der kalte Humboldt- und Benguelastrom für geringere Temperaturen, während auf der Nordhalbkugel der Golfstrom wirksam ist und Wärme bis in hohe Breiten bringt.

Und drittens handelt es sich bei der Arktis nur um eine überdimensionale Eisscholle, während die Antarktis ein richtiger Kontinent ist – und auf Kontinenten herrschen größere Temperaturunterschiede zwischen Sommer und Winter, weil das Wasser ein trägerer Wärmespeicher ist. Schließlich nimmt die Temperatur auch mit der Höhe über dem Meer ab, und auf der Antarktis liegt eine bis zu 4000 Meter hohe Eisschicht, während die Eismassen der Arktis zu sechs Siebteln unter Wasser liegen. Das Resultat aller dieser Faktoren: Am Nordpol beträgt die Durchschnittstemperatur minus 20 Grad, am Südpol minus 49 Grad.

Fazit: Im Süden kann es ganz schön kalt sein.

Sachregister